Jan J. Laurenzi

Am Klima geht die Welt nicht zugrunde

Offener Brief von Planet Erde an Homo sapiens

Über dieses Buch:
Dies ist ein fiktiver Brief der Erde an den Menschen. Grund ist der desolate Zustand, in dem sich der Planet befindet. Eine umfassende ökologische Katastrophe scheint unabwendbar, deren Grundursache der Klimawandel zu sein scheint. Doch die Erde warnt: „Macht es Euch nicht zu einfach. Es gibt noch größere ökologische Gefahren als den Klimawandel. Die größte aber ist die Mentalität des ‚Human first', die alles dem Wohlergehen der Gattung Mensch unterordnet." Es sind unbequeme Wahrheiten, die Planet Erde benennt. Die damit verbundenen Forderungen werden Widerstand hervorrufen, möglicherweise auch einen Aufschrei der Empörung. Dabei sind sie aus Sicht des Planeten nur folgerichtig und alternativlos.

Bibliografische Information der Deutschen Nationalbibliothek: Die Deutsche Nationalbibliothek verzeichnet diese Publikation in der Deutschen Nationalbibliografie. Detaillierte bibliografische Daten sind im Internet unter http://dnb.d-nb.de abrufbar.

Impressum:

Herstellung und Verlag: BoD, Books on Demand,
Norderstedt , ISBN 9783754312674
Cover: Jan J. Laurenzi unter Verwendung eines Bildes
von Rilson S. Avelar (www.pixabay.com)

Das Leben auf der Erde kann sich von einem drastischen Klimaumschwung erholen, indem es neue Arten hervorbringt und neue Ökosysteme schafft. Menschen können das nicht.

Weltklimarat, Juni 2021

Dieser Brief hat einen Auslöser:

Kürzlich gab Eckart von Hirschhausen einer großen deutschen Wochenzeitung ein Interview. Er sagte: *„Klimaschutz ist Gesundheitsschutz. Wir müssen nicht ‚die Umwelt' retten, sondern uns."* * Die Botschaft hinter diesen Worten mag richtig sein, dennoch hat mich der Satz tief erschüttert. Daher fasste ich den Entschluss, Dir zu schreiben.

Ich tue dies aus zunehmender Besorgnis heraus. Diese Sorge entstammt dem Zustand, in dem ich mich befinde, und den bedrohlichen Aussichten, wie sich dieser Zustand in absehbarer Zukunft weiter entwickeln wird. Du weißt um die Lage, in der sich „Planet Erde" in ökologischer Hinsicht heute befindet. Ebenso sind Dir die Szenarien dahingehend bekannt, wie die Situation in wenigen Jahrzehnten aussehen wird.

Du weißt um die Gefährlichkeit der Lage. Und Du hast die Dringlichkeit erkannt, etwas dagegen zu unternehmen. Deshalb hast Du Maßnahmen ergriffen, das drohende ökologische Desaster aufzuhalten. Ich bin froh, dass Du das alles erkannt hast und nun handelst. Jedoch: Es wäre nicht notwendig, Dir diesen Brief zu schreiben, wäre ich davon überzeugt, dass Deine Einsicht und Dein Handeln in der Lage wären, mich (und damit auch Dich) zu retten. Das werden sie nicht.

* Die Zeit, Nr. 22, 27. Mai 2021, S. 32

Das liegt zum einen daran, dass die Maßnahmen in vielen Fällen nur halbherzig sind. Zum anderen entspringen sie genau jenem destruktiven Denken, das mich in diese existenzielle Bedrohung geführt hat. Es fehlt ihnen das wahre Umdenken, das ein radikales Neu- und Andersdenken erfordert. Aber ein solches kann ich in Deinem Tun im Angesicht der Gefahr nicht erkennen. Das macht mir Angst. Vor allem macht mir die Gesinnung Angst, die aus den Worten von Eckart von Hirschhausen spricht, und die zum „guten Ton" der aufgeklärten Gesellschaft zu werden scheint: der anthropozentrische Größenwahn des *„Human first!"*. Deshalb schreibe ich Dir in großer Sorge diesen Brief.

Die erkannte Gefahr

Ich werfe Dir nicht Untätigkeit vor. Du hast erkannt, wie es um mich steht. Und ja, Du handelst und willst nicht zulassen, dass Deine Lebensgrundlagen zerstört werden. Aber es sind nicht nur Deine Lebensgrundlagen. Es sind auch jene der Tiere und Pflanzen, der Mikroben und Viren, alles Lebendigen, von dem Du ein Teil bist. Es geht nicht nur um Dich und Dein Weiterleben, nicht einmal um Dein Wohlergehen und Glück. Es geht um uns alle. Wenn Du Dich auch nur gegen den kleinsten Teil des Lebendigen stellst, um Dein eigenes Leben zu verbessern, richtest Du den Kampf in Wahrheit gegen

Dich selbst. Solch tiefere Gedanken aber sind Dir eigentlich fremd. Du hast Daten, Zahlen und Fakten. Das reicht Dir, um zu handeln. Und das tust Du nun global. Zumindest unternimmst Du immer wieder Versuche in diese Richtung, in einigen Fällen auch mit Erfolg.

So hat die Bedrohung durch den Klimawandel zu weltweiten Abkommen geführt. Der Kampf gegen die drohende Klimakatastrophe hat Priorität erlangt und viele Länder der Erde wollen gemeinsam an einem Strang ziehen. Eine neue Generation von Menschen hat diesen Kampf auf ihre Fahnen geschrieben. Sie gehen lautstark auf die Straße, und Du lobst die jungen Menschen für ihr Verantwortungsgefühl, ihr Engagement und ihre Beharrlichkeit. Auch ich freue mich über sie und hoffe, ihr Einsatz möge nicht erlahmen. Aber mich bedrücken auch Zweifel.

Mich beschleicht die Sorge, dass Ihr alle Ökologie mit Klima gleichsetzt. Der Klimawandel ist jedoch nur eine von vielen Gefahren, die mich existenziell bedrohen. Und er ist für mich als Planet nicht einmal die gefährlichste. Das mag Dich erstaunen. Du denkst, dass die Erde gerettet wäre, würde man die weltweite Temperaturerhöhung um zwei Grad senken können. Nein, das wäre sie nicht. Selbst bei einem Wert deutlich unter zwei Grad Erwärmung würde es gravierende Folgen geben.

Es gibt noch viele andere Gefahren, die mich bedrohen und deren Ursache Du bist. Diese zu unterschätzen, ist die eigentliche Gefahr. Dieser

Brief soll Dir die Augen öffnen für das, was außerhalb der Klimadebatte abläuft und mich in den Kollaps stürzen wird, selbst wenn der Klimawandel gestoppt werden könnte.

Deine Existenz

Die Weitblickenden unter Euren Wissenschaftlerinnen und Wissenschaftlern haben neun planetare Grenzen erstellt, die für das Leben auf dem Planeten Erde nicht verhandelbar sind. Dazu gehören der Klimawandel, die Biodiversität, der Landschaftsverbrauch oder der Ozonabbau. Heute gilt es als allgemein anerkannt, dass vom Klimawandel die größte Bedrohung ausgeht. Das kann man so sehen, vor allem, wenn man es aus Deinem Blickwinkel aus betrachtet. Für das Leben des Menschen wären die Folgen der Erderwärmung auf längere Sicht katastrophal. Das alles hast Du berechnet. Und bei Euch gilt alles, was sich exakt berechnen lässt, als wahr. Doch die prognostizierten Szenarien sind keine Wahrheiten, nur weil sie korrekt und exakt berechnet wurden. Es sind lediglich Wahrscheinlichkeiten, die mit mehr oder weniger hoher Sicherheit eintreten könnten.

Aber es ist richtig: Sich auf diese offensichtlichen Unsicherheiten zu berufen und zum Ignorieren und Nichtstun aufzurufen, wäre unverantwortlich. Deshalb ist es gut, dass Du handelst. Aber Du musst umfassend handeln, auch dort, wo Dir viele und detaillierte Daten fehlen. Das Klima ist nur eine der neun globalen Grenzen. Der Klimawandel wird Dich extrem treffen. Er wird auch mich grundlegend aus dem Gleichgewicht bringen. Aber er wird mich nicht existenziell bedrohen. Er wird das Leben auf „Planet Erde“ nicht zerstören können – dich als Spezies schon.

Schöne neue Autowelt

Du hast erkannt, dass das Auto einen großen Anteil am Klimawandel hat. Nun handelst Du und willst den Verbrennungsmotor durch den Elektromotor ersetzen. Schließlich stößt dieser nicht ein Gramm schädliches Treibhausgas aus. Das stimmt, ist aber nur ein Teil der Rechnung. Dir ist klar, dass bei der Herstellung der großen Akkus sehr viel Kohlendioxid entsteht. Die CO_2-Bilanz soll bei E-Autos besser sein als bei Autos mit Verbrennungsmotor, aber doch geringer als gemeinhin angenommen. Das weißt Du. Aber der Wechsel zum E-Auto verspricht viel Profit. Du kannst damit viel Geld verdienen. Und jene Sprache, die du am besten verstehst, ist noch immer jene der Ökonomie. Eigentlich verstehst Du die Sprache der Ökologie gar nicht richtig. Deshalb verstehst Du auch nicht, wie groß die Schäden für mich sind, wenn Du mir die Rohstoffe für Deine neuen Akkus aus dem Boden reißt.

Die Energiewende, mit der Du den Klimawandel abzuwenden versuchst, wird in eine neue Ausbeutung der Natur münden. Nun sind es die seltenen Mineralien und Metalle, derer Du mich beraubst; früher waren es Öl, Gas und Kohle. Das System ist das gleiche. Der Geist dahinter ist es auch. Wenn die Energiewende funktionieren soll, wird der Bedarf an diesen Stoffen in den nächsten Jahrzehnten um ein Vielfaches steigen. Ein E-Auto braucht sechs Mal mehr Lithium, Kobalt und Co. als ein Auto mit Verbrennungsmotor. Eine Windkraftanlage braucht neun Mal mehr davon als ein Gaskraftwerk. Willst Du bis 2050 Klimaneutralität erreichen, dann wirst Du im Jahr 2040 sechzehnmal mehr von diesen Stoffen brauchen. Und Du wirst sie Dir holen, weil die Energiewende sehr profitabel ist.

Zum Beispiel Lithium: Dafür liegt die Gewinnspanne bei 8000 Dollar pro Tonne. Für die Ausbeuter ein sehr lukratives Geschäft. In nur sechs Monaten erzielten sie einen Nettogewinn von 24 Millionen Dollar. Um eine Tonne Lithium zu gewinnen, muss ich Dir zwei Millionen Liter Wasser opfern. Bis in nur wenigen Jahren wirst du eine Viertelmillion Tonnen des Metalls brauchen, um Deinen Bedarf an Akkus für die E-Autos decken zu können. Kannst Du Dir die Menge Wasser vorstellen, die Du dafür von mir verlangst? Ich werde Dir das Wasser geben müssen. Denn Du kannst alles verlangen und Du wirst alles bekommen, was Du auch willst. Ich werde dieses Wasser dann aber jenen vorenthalten müssen, die in den Lithiumgebieten leben: den indigenen Einwohnern in Südamerika zum Beispiel, die jetzt schon unter Wassermangel leiden. Die Ausbeutung wird diese armen Menschen aber nicht nur dursten lassen und ihre Lebensgrundlagen bedrohen, sie wird auch ihre Gesundheit gefährden – denn Du kannst mir das Lithium nur mithilfe von Giftstoffen entreißen. Als toxischer Staub überziehen sie ganze Landstriche und machen Tiere und Menschen krank.

Oder schaue doch nach Afrika, in den Kongo. Dort greifst Du in Deiner Gier nach den riesigen Kobaltvorkommen. Im Kongo liegt mehr als die Hälfte des globalen Kobalts. Ohne Kobalt gibt es keinen Strom in Deinen E-Autos. Auch diese Ausbeutung hat ihren Preis. Das Grubenwasser wird versauert und mit Schwefelsäure vergiftet. Und dieses Wasser gelangt dann in die Flüsse, die Seen und das Grundwasser. Von dem im Kongo gewonnenen Kobalt werden 20 Prozent in Kleinbergwerken abgebaut. Dort arbeiten die Menschen mit einfachsten Werkzeugen und unter oft katastrophalen Arbeitsbedingungen. Viele von ihnen sind Kinder. In Deiner Manie beutest Du nicht nur mich aus, sondern auch Deinesgleichen. Du kennst keine Skrupel, wenn es darum geht, Profit zu machen. Das alles stellst Du mir in Rechnung, um mich vor dem prophezeiten Klimakollaps zu retten. Und das ist nur ein kleiner Teil des Preises, den ich zahlen muss, damit Du mit schönen neuen Elektroautos Deine Klimabilanz aufbessern kannst.

Den Klimawandel zu stoppen, indem alle Autos mit Verbrennungsmotoren durch E-Autos ersetzt werden, kann nicht funktionieren. Vor allem aber zeigt diese Idee das eigentliche Problem auf, das mir große Sorgen bereitet: Du versuchst die neuen Herausforderungen mit altem Denken zu lösen. Das kann nicht gut gehen.

Welcher Homo willst Du sein?

Der Wandel des Klimas kann bedrohten Arten den Tod bringen. Das ist traurig, aber es allein empört nicht, denn dieser Tod ist Teil des ewigen Kommens und Gehens – und er ist Teil der Evolution. Empörend wird er, wenn die Ursachen dieses Todes die Gier und das Machtstreben sind, mit denen Du ihn billigend in Kauf nimmst. Der Wandel des Klimas wird erst zum Skandal, weil er hierin seine Wurzeln hat. All Deine Klimaschutzprogramme sind nichts als Hohn, wenn in Deinem Geist und Deinem Herzen weiterhin die Gier wohnt, und Du erst handelst, wenn Klimaschutz Profit verspricht – denn Klimaschutz wurde für Dich erst interessant, als Du Möglichkeiten erfunden hattest, damit Geld zu verdienen. Seither trägst Du die Fahne des Klimaschutzes wie ein wehendes Banner vor Dich her, auf dass alle sehen und erkennen mögen: Der Mensch hat verstanden. Der Mensch hat ein Ziel. Der Mensch rettet den Planeten.

Nein, um mich brauchst Du Dir keine Sorgen zu machen, wenn Du über den Klimawandel nachdenkst. Mir kann er nichts anhaben. Dir als *Homo sapiens* (wenn es gut geht) vielleicht auch nichts. Wohl aber als *Homo faber*, als *Homo oeconomicus*; dann, wenn Du das *Dominium terrae*, das Herrschen über die Erde, weiter als Grundlage Deines ganzen Handelns und alleiniges Ziel Deines Strebens ansiehst; dann, wenn der einzige Sinn und Zweck Deines Tuns die Optimierung Deines Lebens ist; wenn Du weiter dem Wahn anhängst, die Welt sei einzig deinetwegen da und habe deshalb auch stets in Deinem Dienste zu stehen. Denn dann, wenn Du das überlieferte anthropozentrische Weltbild nicht als wahre Ursache der großen ökologischen Probleme erkennst, wirst Du keine Zukunft haben. Da hilft Dir auch keine Flucht in noch mehr Technologie, in trans- und posthumanistische Welten, auch keine Vision vom messianischen Zeitalter der Überwindung des Lebens durch Technologie.

Sollte aber der *Homo digitalis* den *Homo sapiens* tatsächlich ersetzen, dann braucht es auch mich nicht mehr. Dann ist der Krieg gegen die Natur gewonnen und das Leben hat keine Aufgabe mehr. Dann wird der leblose Raum des Digitalen zu Deinem neuen Kosmos und Algorithmen zu seinen Naturgesetzen. Ist es denn nicht längst so? Sind Algorithmen nicht schon die Bausteine einer neuen Zeit geworden, die sich rein über das Digitale definiert? Von dem

Moment an, da diese Bausteine zu Göttern werden, hat der lebendige Mensch seine Existenzberechtigung verloren.

Die größere Gefahr

Du siehst den Klimawandel vor allem aus Deiner Sicht. Er bedroht Dich und deshalb hast Du zu Recht Angst vor ihm. Ich habe keine Angst vor ihm. Klimawandel war schon immer Bestandteil meiner Existenz, seit es mich gibt. Jede Änderung des Klimas brachte Veränderungen mit sich, und bisweilen waren sie groß und gravierend. Ja, und auch schmerzlich, wenn dadurch Tiere und Pflanzen ausgestorben sind. Aber nie bestand eine Bedrohung für mich selbst. Treibhausgase gehören zu meinem Atem. Sie sind keine Gifte, denen der unweigerliche Tod innewohnt.

Nein, CO_2 ist kein Gift für mich. Es wird zu einem Transformator, wenn sein Gehalt in meiner Atmosphäre übermäßig steigt. Beim Methan ist es nicht anders. Und der größte Faktor für eine Änderung des Klimas ist immer noch das Wasser, wenn es als Dampf durch die Lüfte zieht. Nichts, was mich ängstigen könnte. All das kenne ich. All das ist Teil von mir, seit es mich gibt. Viele verschiedene Umstände führten in Millionen von Jahren dazu, dass die Treibhausgase in meiner Atmosphäre zunahmen und wieder abnahmen: Sonneneinstrahlung, Verschiebung der Erdplatten, Vulkanausbrüche, Meeresströmungen. Und nun bist Du es, der dafür verantwortlich ist, dass der Treibhauseffekt wieder stark zunimmt. Und die absehbaren Folgen flößen Dir Angst ein. Das ist gut so. Nicht gut ist, dass Du darüber etwas anderes aus dem Auge zu verlieren drohst. Dieses macht Dir weniger Angst, weil Du damit kein konkretes Horrorszenario verbindest, so wie Du es mit dem Klimawandel tust.

Mir jedoch macht es Angst, weil ich es nicht kenne. Weil ich noch nie damit konfrontiert war und nicht weiß, wie tief es in mein Ökosystem eingreifen wird. Aber ich ahne, dass es schlimm sein wird. Die Erderwärmung ist ein Angriff aus dem System selbst, jene Bedrohung aber kommt von außerhalb des Systems, und das macht sie so gefährlich.

Die neunte Grenze

Nach Ansicht derer, die in diesen Gebieten forschen, ist der Klimawandel die erste und bedeutendste planetare Grenze. Daneben gibt es noch acht andere. Als neunte und letzte Grenze haben sie das Einbringen neuartiger Substanzen in die Umwelt benannt. Sie meinen damit jede Art von Chemikalien, Schwermetallen und radioaktiven Substanzen. In diese Kategorie gehören auch Mikroplastik, Nanopartikel und Arzneimittelrückstände. Im Gegensatz zu anderen planetaren Grenzen wurde für diesen Bereich bis jetzt kein Grenzwert festgelegt. Das wäre bei der Vielzahl der in diesen Bereich fallenden Stoffe kaum machbar, musste man feststellen. Aus diesem Grund fehlen hierzu globale Daten. Und daher gibt es auf globaler Ebene auch keine Abkommen, die sich dieses Problems effektiv annehmen. Solche wird es wohl nie geben. Ich sage Dir: Das ist es, was mir Angst macht – denn diese neunte planetare Grenze ist die langfristig gefährlichste. Nicht genug über sie zu wissen, um sofort sinnvoll handeln zu können, ist ein Skandal.

Ich frage mich, ob Ihr vielleicht gar nicht so viel über diese Gefahr wissen wollt. Möglicherweise seid Ihr froh, Euch auf den Klimawandel konzentrieren zu können. Dort habt Ihr Daten, dort könnt Ihr rechnen und modellieren. Deshalb wisst Ihr auch, was Ihr tun könnt: die Treibhausgase reduzieren, indem Ihr eine grundsätzliche Energiewende einleitet. Das Konzept dazu ist mittlerweile gut ausgearbeitet und verträgt sich vor allem mit der heiligen Kuh eures Ökonomismus: Es ist profitkompatibel. Das Problem ist nur die globale politische Umsetzung der Maßnahmen. Aber auch hier seid Ihr ein gutes Stück vorangekommen – zumindest damit, Abkommen zu Papier zu bringen. Beim Problem der neuartigen Substanzen scheint es – zumindest theoretisch – ebenfalls einfach zu sein: Ihr müsst den Einsatz dieser Stoffe konsequent reduzieren. Aber das ist alles andere als einfach, ja in der Umsetzung fast unmöglich – technologisch wie ökonomisch.

Gäbe es Modelle, Prognosen und Szenarien für dieses Problem, Ihr würdet erschrecken über das, was Euch bevorsteht. Vor allem aber würde Euch erschrecken, was es bedeuten würde, hierfür wirksame Gegenmaßnahmen zu ergreifen. Es bedeutete nicht weniger, als dass Ihr Euch von der modernen Zivilisation, die Ihr Euch geschaffen habt, in weiten Teilen verabschieden müsstet.

Nabel der Welt

Wenn ich sage, die Treibhausgase machen mir weniger Angst als die neuen Stoffe, die Du mir schon seit vielen Jahren übergibst, dann möchte ich Dir das an Beispielen genauer erklären:

Wie gesagt, CO_2 ist mir nicht fremd. Ich kenne es seit Beginn an, und ich kenne es gut. Es gehört zu mir. Hingegen kenne ich $C_3H_8NO_5P$ nicht. Es ist Deine Erfindung: Glyphosat, das Totalherbizid. Erst seit fünf Jahrzehnten sprühst Du Jahr für Jahr Millionen von Tonnen davon über meinen Boden. Sein einziger Auftrag heißt Töten. Es tötet Pflanzen, die Dir nicht wichtig sind, Pflanzen, die Deinem Profit schaden, Pflanzen, die Du als Unkraut diffamierst. Seit Du Ackerbau betreibst, teilst Du die Pflanzen in nützlich und schädlich ein. Über all die Jahrtausende war die Hacke Deine einzige Waffe in diesem Kampf. Nun ist es das Gift. Es ist schneller und effektiver. Und es ist nur der eine Teil eines Systems der Ausbeutung. Der andere Teil ist die Gentechnik.

Mit ihr kreierst Du Nutzpflanzen, die gegen Glyphosat und seine Verwandten resistent sind. So überlebt nur das den Massenmord, was Dir nutzt und Profit verspricht. Und als Folge kannst Du noch mehr Pflanzengifte einsetzen. Auch hier hast Du das Problem erkannt, vor allem, was das für Dich bedeutet. Glyphosat kann bei Dir Krebs auslösen. Oder zumindest könnte. Seit Jahren streitet Ihr darum, ob das Kann oder das Könnte zutrifft. Es stehen Wissenschaft gegen Industrie und Industrie gegen Wissenschaft. Aber auch innerhalb der Wissenschaft ist man sich nicht einig. Nun sollen das die Gerichte klären. Dabei geht es nur um die Wirkungen des Giftes auf Dich, nicht darum, was es in der Umwelt anrichtet. Einmal mehr bist Du das Maß der Dinge. Auch wenn Du Dich inzwischen nicht mehr als Krone der Schöpfung siehst, für den Nabel der Welt hältst Du Dich noch immer.

Totgespritzt

Glyphosat ist ja nur eines der vielen Pflanzenschutzmittel. Es gibt unzählige davon. Und Du bringst sie in ungeheuren Massen auf die Felder – inzwischen aber auch in die Wälder. Dort brauchst Du vor allem Insektizide, Mittel also, die Insekten töten. Die große Gefahr im Wald ist der Borkenkäfer. Hier heißt Deine Zauberformel $C_{23}H_{19}ClF_3NO_3$, ausgesprochen: lambda-Cyhalothrin. Es gibt Landstriche in Deutschland, da ist der Einsatz dieses Insektenvernichters explosionsartig gestiegen. In Niedersachsen wurden 2013 keine 3 Prozent des geschlagenen Holzes damit behandelt, 2019 waren es schon 41 Prozent.

Das Spritzmittel ist extrem giftig, auch für Nützlinge, unter anderem für Bienen. Im Jahr 2020 sollte der Hersteller den staatlichen Behörden Studien liefern, um die Wirkung des Mittels in Verbindung mit dem Insektensterben neu bewerten zu können. Doch sie wurden nicht eingereicht. Trotzdem gab es das staatliche Okay für eine weitere Verwendung des Insektizids. Es genügte der Bescheid aus dem zuständigen Ministerium, dass der Einsatz dieses Mittels alternativlos wäre. Was aber nicht stimmt. Die Alternativen kosten nur zu viel Zeit und Geld. Für Dich ist das jedoch das schlagende Argument. Nun ist das Mittel auch ohne notwendige Sicherheitsdaten weiter auf dem Markt.

Der Tod durch lambda-Cyhalothrin ist für alle Insekten, die mit dem Stoff in Berührung kommen, kein schneller. Das Gift dringt in den Körper der Tiere ein und öffnet dort die Natriumkanäle der Nerven unwiderruflich. Das führt zunächst zu Krämpfen und dann zu Lähmungen. In diesem gelähmten Zustand verbleibt das

Tier bis zum Tod. Und der stellt sich erst viel später ein. Der Todeskampf kann bis zu zwei Tage dauern. Solche Einzelheiten sind Dir nicht wichtig. Es geht um das erklärte Ziel: den Wald borkenkäferfrei zu bekommen. Schließlich sind es ja nur Käfer. Und hier von Todeskampf zu sprechen, ist für Dich doch höchst unpassend. Aber ich sage Dir: Auch die Labortiere in Deinen Forschungsanstalten haben alle ihren Todeskampf, jedes Rind, jedes Schwein, jedes Huhn in Deinen Schlachtfabriken ebenso. Für Dich sind das alles hinkende Vergleiche, für mich himmelschreiendes Leid.

Der Ackerboden als Agrarfabrik

Noch einmal zu den Spritzmitteln in der Landwirtschaft: In der EU sind deren Absatzzahlen in den letzten Jahren gesunken. Hier haben die Gifte bei den Verbrauchern ein schlechtes Image. Die Anbauflächen für biologische Landwirtschaft werden größer. Aber die Welt ist für Dich ja zu einem globalen Dorf geworden. Du exportierst die Gifte einfach in andere Länder, zum Beispiel nach Südamerika. Dort haben sie Dir pro Jahr über 900 Millionen Euro dafür gezahlt. Aber hier scheint noch Luft nach oben zu sein, meinst Du. So strickst Du einfach pfiffige Handelsabkommen mit diesen Ländern, und schon kannst Du dort Deine Herbizide und Insektizide noch lukrativer vermarkten – natürlich auch solche, die in der EU längst verboten sind.

Bei uns sind inzwischen 80 Prozent der Ackerfläche mit Agrargiften kontaminiert. Diese verändern das Leben im Boden und stören das lebenserhaltende Gleichgewicht grundlegend. Die Artenvielfalt schwindet enorm. Rund ein Drittel der typischen Ackerwildkräuter sind schon verschwunden. Die Felder werden zur bloßen Produktionsstätte der Agrarindustrie. Geometrisch gezirkelt kleiden sie das Land aus, das die Fläche zwischen Deinen immer stärker metastasierenden Ballungszentren bedeckt. Fabriken unter freiem Himmel, bearbeitet von panzergroßen Traktoren, die computergesteuert eine extrem produktive Arbeit verrichten. Das Gebrüll ihrer Motoren liegt wie Schlachtenlärm in der Luft. Vor ein paar Jahren waren es noch die Lieder der Lerchen. In den letzten vierzig Jahren sind zehn Millionen Brutpaare aller Feldvögel verloren gegangen – gerade jener Vogelarten, die auf Insekten angewiesen sind.

Bei Glyphosat meintet ihr lange, es würde nur gezielt auf Pflanzen wirken und könnte Tieren und Menschen direkt nichts anhaben. Inzwischen wisst ihr, dass das nicht so ist. Die Frage nach der krebserregenden Wirkung ist nicht das eigentliche Problem. Entscheidender ist der Effekt des Giftes auf das Immunsystem, vor allem der Insekten. Dort hemmt es das Melanin. Für Euch Menschen ist Melanin ein schützendes Hautpigment. Bei Insekten hat es wichtige

Funktionen in ihrem Immunsystem. Durch weniger Melanin werden sie anfälliger für Krankheitserreger.

Glyphosat tötet die Insekten also nicht direkt wie das lambda-Cyhalothrin die Borkenkäfer. Es tötet über den Umweg einer durch das Gift ausgelösten Immunschwäche. Fast drei Viertel der Fluginsektenarten sind in den letzten 25 Jahren ausgestorben. Aber nicht nur Insekten reagieren sehr sensibel auf den Unkrautvernichter. Amphibien nehmen Glyphosat über die Haut auf. Beim Kontakt können sie schwer erkranken oder gar sterben. Regenwürmer können sich unter dem Einfluss von Glyphosat kaum noch vermehren. Wichtige Bodenorganismen wie Pilze werden vermindert. Pflanzen gehen mit einigen von diesen eine Symbiose ein, sodass die Organismen für deren Wachstum, Entwicklung und Fortpflanzung von großer Bedeutung sind. Durch das Fehlen der Pilze verschlechtern sich auch die Lebensbedingungen für diese Pflanzen. Pflanzenschutzmittel wie Glyphosat vernichten also nicht nur das für Dich wertlose und störende Unkraut. Sie verändern das Ökosystem Ackerfläche grundlegend und dauerhaft. Mag es in der Natur auch nach einigen hundert Tagen abgebaut sein: In dieser Zeit hat es einen Schaden angerichtet, der bleibt.

Aber was sind schon einige hundert Tage? Diese winzige Zeitspanne ist für mich nicht vorstellbar, so wie Du Dir Zeiträume von Jahrmillionen nicht vorstellen kannst. Aber man muss in solch großen Dimensionen denken, wenn es um „Planet Erde“ geht. Es gibt neuartige Stoffe, die nicht nur wenige hundert Tage, sondern mehrere hundert Jahre in der Natur wirksam sind. Ja auch solche, die Tausende von Jahren nichts von ihrer Gefährlichkeit verlieren. Dazu gehören neue Stoffe, die für das Ökosystem völlig fremd sind, und die Du in unfassbaren Mengen in die Natur einbringst. Allen voran die Kunststoffe.

Seit Du solche herstellen kannst (was nur durch Ausbeutung der Rohstoffe Erdöl und Erdgas funktioniert), ist ein riesiger Wirtschaftszweig auf Basis von Kunststoffen entstanden. Aber die Kunststoffwirtschaft ist alles andere als eine Kreislaufwirtschaft, auch wenn Du inzwischen versuchst, sie „grüner“ zu machen. Eigentlich ist sie der Sargnagel für das weltweite Ökosystem. Kunststoffwirtschaft ist immer noch das typische Beispiel einer linearen Wirtschaft, denn sie funktioniert nach dem Prinzip „Produzieren und Wegwerfen“. Mit der Produktion machst du Profit, das Entsorgen ist ein lästiger Kostenfaktor. Plastik zu produzieren und mit ihm Handel zu treiben, ist ein lukratives Geschäft. Im Jahr

2019 erwirtschaftete die Kunststoffindustrie in Europa rund 350 Milliarden Euro. Seit 1950 wuchs die Produktion von Plastik um über acht Prozent pro Jahr und damit zweieinhalbmal so stark wie das durchschnittliche Bruttoinlandsprodukt.

Beim Plastik sind Deine Maßlosigkeit und Deine Gier unübersehbar. Über acht Milliarden Tonnen Kunststoffe hast Du bisher hergestellt. Gegenwärtig kommen jedes Jahr rund 400 Millionen Tonnen dazu. Schon zu Beginn des 21. Jahrhunderts lag der Pro-Kopf-Verbrauch an Kunststoffen bei fast 400 Kilogramm pro Jahr. Fast 80 Prozent davon hast Du mir als Abfall überlassen. Allein 2019 waren das 25 Millionen Tonnen. Das entspricht dem Gewicht von 23 000 Blauwalen.

Der fremde, künstliche Stoff

Apropos Meer: Die Ozeane sind das größte zusammenhängende Ökosystem der Erde. Große Mengen des Plastikmülls landen hier. Und da ich das Plastik zum großen Teil nicht abbauen kann, lagert es sich immer mehr ab, Jahr für Jahr, Tonne für Tonne. Der größte Teil davon sinkt auf den Meeresboden und verschwindet völlig aus Euren Augen. Von 99 Prozent dieser Kunststoffe weiß niemand von Euch, wo in den Ozeanen sie sich befinden und was sie konkret anrichten.

Du weißt auch noch zu wenig darüber, was das für Auswirkungen auf die Meerestiere hat. Anhand von Kadaverfunden könnt Ihr lediglich schätzen, wie viele Tiere durch das Plastik verenden, das Ihr ins Meer kippt: Pro Jahr dürften es bis zu eine Million Seevögel sein und etwa 100 000 Meeressäuger und Schildkröten. Aber nicht nur diese Tiere sind gefährdet. Plastik hat man bisher in 240 Tierarten gefunden. Kleine Plastikteile können ausreichen, den Magen-Darm-Kanal der Tiere so stark zu verletzen, dass sie innerlich verbluten. Vor allem für Jungtiere bedeutet Plastik im Meer eine tödliche Gefahr. Rund die Hälfte der gefundenen toten jungen Schildkröten hatte Plastikteile im Verdauungstrakt. Bei den Grünen Meeresschildkröten vor den Küsten Brasiliens tragen schon an die 90 Prozent der Tiere Plastik in sich. Bei den Walen und Delfinen sieht es nicht anders aus: 60 Prozent dieser Meeressäuger haben Plastik in Magen und Darm. In einem vor Sardinien gestrandeten Pottwal fanden sich 22 Kilogramm Plastikmüll.

Dabei ist das Meer nur ein Teil der Welt, in dem Du ohne Maß Dein Plastik entsorgst. Auch Felder, Wälder und Seen dienen Dir als stumme Orte der Entledigung der für Dich nutzlos gewordenen Kunststoffprodukte. Du hast mich nicht danach gefragt, ob ich diese Überlassenschaft annehme. Du hast noch nie gefragt, wenn es darum ging, mich als globale Müllhalde zu missbrauchen. Wenn es sich um Schutt und

Gestein handelt, um Holz und Gartenabfall, dann werde ich nicht klagen. All das kenne ich, baue es ab und füge es wieder in den großen Kreislauf der Natur ein. Deine Kunststoffe aber sind nicht Teil der Natur. Sie sind Fremdkörper und bleiben es über Tausende von Jahren – denn Plastik verrottet nicht einfach so. Ich kann es nicht so leicht zu anderen Substanzen abbauen, wie ich es sonst tue.

Das meiste Plastik kann ich nur in immer kleinere Teile zerlegen. Aus einem nur einen Quadratzentimeter großen Plastikteil mache ich mit der Zeit eintausend Teile mit nur einem Millimeter Größe. Viele Jahre später sind es schon eine Million Fragmente von der winzigen Größe eines Mikrometers. Aus Makroplastik ist Mikroplastik geworden. Nun frage Dich bitte, wann dieses Plastikteil einen größeren Einfluss auf die Umwelt hat: ganz am Anfang, als Du es gedankenlos in die Natur entsorgt hast, oder viele Jahre später?

Die Mikroplastik-Gefahr

Mikroplastik ist als ökologische Bedrohung ein schlafender Riese, der gerade dabei ist, aufzuwachen. In Deutschland produziert jeder Mensch Jahr für Jahr umgerechnet vier Kilogramm Mikroplastik. Das sind insgesamt 330 000 Tonnen. Wenn es eine von Dir geschaffene Substanz gibt, die sich inzwischen überall auf der Welt (und zwar bis in die entlegensten Winkel hinein) verbreitet hat, dann ist es Kunststoff in Form winzigster Teilchen. Kein Bereich ist mehr frei von Mikroplastik, weder Boden noch Wasser noch Luft. In Böden und Binnengewässern ist der Mikroplastikanteil häufig noch wesentlich höher als in den Meeren. Man hat Mikroplastik im Eis der Arktis gefunden, im Schnee auf den Gipfeln der Alpen und im Regenwasser in entlegenen Siedlungen in den Pyrenäen. Im Durchfluss der Themse konnte man in bestimmten Abschnitten zeitweise bis zu 100 000 kleinste Plastikpartikel pro Sekunde zählen. Und weil Mikroplastik so winzig klein ist, schadet es der Umwelt und den Organismen besonders stark, vor allem, wenn es zu Nanopartikeln geworden ist. Auch im Feinstaub kommen große Mengen Mikroplastik vor. Dass Feinstaub eine Gefahr für die Gesundheit darstellt, ist schon lange bekannt. In der EU sterben jährlich 65 000 Menschen an den Folgen einer Feinstaubbelastung. Über den Klärschlamm aus Kläranlagen kommen zudem große Mengen Mikroplastik auf die Äcker und somit in die Nahrungskette.

Auf den Agrarflächen verändert Mikroplastik die Bodenbeschaffenheit und beeinträchtigt damit den Lebensraum der Kleinstlebewesen nachhaltig. Über Pflanzen und Tiere gelangt es dann in die Lebensmittel und auf die Teller. Für Eure Gesundheitsbehörden scheint das kein großes Problem zu sein. Sie gehen davon aus, dass die Stoffe zum überwiegenden Teil vom

Organismus wieder ausgeschieden werden. Gesichert ist das aber längst nicht. Vor allem nicht für Plastikteile in Nanogröße. Inzwischen hat man solch winzige Stoffe schon in inneren Organen gefunden. Sobald eine Substanz bis in den Nanobereich zerkleinert wurde, kann sie ganz andere Eigenschaften bekommen. Was das für die Belastung mit Mikroplastik bedeutet, ist Euch heute noch vollkommen unklar.

Mit den winzigen Kunststoffteilen kommt ein wahrer Chemiecocktail in Euren Körper, nicht nur durch das Plastik selbst. Häufig enthält es Zusatzstoffe, zum Beispiel aus Beschichtungen. Dann wirken mikroskopisch kleine Plastikteile wie ein Magnet für andere toxische Substanzen, die sie mit in den Körper transportieren. Ungefährlich sind all diese Stoffe ganz und gar nicht: Sie beeinflussen sowohl das Hormonsystem als auch die Übertragung biochemischer Signale zwischen den Zellen und können Entzündungen oder sogar Krebs auslösen. Bei Seattle kam es zu einem Massensterben von Lachsen. Als Grund konnte man eine Chemikalie ausmachen, die beim Abbau von Reifenabrieb entsteht. All das ist Dir inzwischen bekannt. Deshalb versuchst Du, die Belastung mit Mikroplastik zu verringern. Dabei setzt Du vor allem auf die Reduzierung von Plastikmüll. Das aber wird sich als wenig effektiv erweisen. Auch das weißt Du, denn Mikroplastik ist nicht so sehr ein Müll- als ein Mobilitätsproblem.

Eine spürbare Verminderung der Treibhausgasemissionen könntest Du erreichen, wenn Du die Kunststoffproduktion deutlich reduzieren würdest. In jedem Produktionsschritt für Kunststoffe werden Kohlendioxid, Methan und andere Klimakiller freigesetzt, ebenso bei der Entsorgung des Plastiks. Im Jahr 2050 könnten über 56 Gigatonnen Kohlenstoffäquivalente ausgestoßen werden, die die Kunststoffindustrie zu verantworten hat. Bis zum Ende des Jahrhunderts wäre ein Ausstoß von fast 300 Gigatonnen denkbar. Im Jahr 2015 waren es nach konservativer Schätzung lediglich zwei Gigatonnen. Mit einer Reduktion der Plastikproduktion würdest Du ja mehrere Fliegen mit einer Klappe schlagen: Du würdest den Klimawandel eindämmen, Du würdest das Müllaufkommen vermindern, Du würdest die Freisetzung von Mikroplastik reduzieren und Du würdest Deine Gesundheit schützen. Alles gute Argumente, um die Kunststoffproduktion teilweise, aber spürbar herunterzufahren. Doch all diese Argumente prallen an einem einzigen Gegenargument ab: Damit würde man die Weltwirtschaft gefährden und das Wirtschaftssystem bräche infolgedessen zusammen. Damit scheidet eine wirksame Maßnahme gegen vielfältige ökologische Gefahren schon grundsätzlich aus – denn das Wirtschaftssystem ist Deine heilige Kuh, das Ökosystem lediglich eine Kuh zum Melken.

Aber die Situation ist viel vertrackter: Kunststoffabfälle spielen beim Mikroplastikproblem nur eine untergeordnete Rolle. Der größte Teil des Mikroplastiks stammt von Abrieben, vor allem von Reifen. Jedes Auto, jedes Motorrad, jedes Fahrrad produziert Mikroplastik, wenn es in Bewegung ist – ganz egal ob es durch Verbrennungsmotoren, Elektromotoren oder durch Muskelkraft angetrieben wird. Jeder Start und jede Landung eines Flugzeugs setzen Unmengen von Mikroplastik frei – die Grand-Prix-Rennen der Formel 1 auch. Selbst die Schuhsohlen aller Menschen, die in Deutschland wohnen, produzieren pro Jahr mehr Mikroplastik als alle Kunststoffverpackungen zusammen. Dazu kommen Abriebe von Asphalt, Fahrbahnmarkierungen sowie Verschleiß an Maschinen in Industrie und Landwirtschaft. Mengenmäßig viel geringer ist der Anteil aus Kunststoffen, Textilien oder Kosmetikzusätzen. Was aber bedeutet das?

Mit der Reduzierung von Plastikabfällen und der Produktion von Kosmetika und Putzmitteln ohne Mikroplastik erreichst Du nicht wirklich das, was Du erreichen müsstest. Wenn Du das Problem Mikroplastik sinnvoll angehen möchtest, dann musst Du am Verkehr ansetzen, an Deiner Mobilität grundsätzlich. Und da gibt es dann gravierende Schwierigkeiten. Hier hilft Dir die Umstellung auf E-Autos nichts. Es müssten

Reifenmaterialien her, die so gut wie keinen Abrieb erzeugen und gleichzeitig die optimalen Funktionseigenschaften heutiger Reifen hätten. Das ist auch in Zeiten der Hochtechnologie wohl die Quadratur des Kreises. Deshalb hilft nur eine deutliche Reduzierung Deiner Mobilität. Und das ist wohl für Dich eine rote Linie. Allein schon der Gedanke an eine autofreie Gesellschaft verschafft Dir ja Albträume. Aber ohne konsequente Verkehrswende ist es Dir weder möglich, den Klimawandel abzumildern, noch, das Problem eines exorbitanten Anstiegs der Mikroplastikemissionen zu begrenzen.

Du hast keine Chance. Dein rationaler Verstand sagt Dir das; doch wenn es um Ökonomie geht, ist Dein Handeln alles andere als rational. Dann ist es emotional gesteuert, denn Gier entstammt nicht dem nüchternen Denken, sondern einem emotionalen Trieb.

Öko-Problem Corona

Die Coronakrise hat auch die Plastikkrise verschärft. Lange Zeit schautest Du nur auf den sinkenden Ausstoß von Treibhausgasen, auf das Reduzieren von Fluglärm und Luftverschmutzung durch den zurückgegangenen Tourismus und vermehrtes Homeoffice während der Lockdown-Phasen. Was das Klima angeht, hat das erzwungene Runterfahren von Wirtschaft und öffentlichem Leben eine kurze Verschnaufpause gebracht. Eine sehr kurze. Die Verschärfung der Plastikkrise während der Coronapandemie wird sehr viel langfristigere Auswirkungen haben.

Halte Dir doch einmal vor Augen, wie viele Plastikartikel während der Pandemie mehr verbraucht wurden: Die Einmalverpackungen für die Liefer- und Abholdienste und die Coffee-to-go-Becher. Die Masken, die weder verrotten noch zu recyceln sind. Eine einzige OP-Maske, die im Meer landet, kann dort über 170 000 feinster Mikrofasern freisetzen. Und das täglich. Dann die Corona-Testsets, die Einmalschutzanzüge, die Impfspritzen. Der Medizinsektor hat während der Coronakrise extrem viel zusätzlichen Müll produziert. Schon vor der Pandemie waren die Krankenhäuser die fünftgrößten Müllproduzenten Deutschlands. Dort fielen in der Zeit vor Corona schon 1,2 Millionen Tonnen Müll pro Jahr an – das entspricht sechs Kilogramm Müll pro Bett und Tag. Und der überwiegende Teil ist Kunststoffabfall, manches davon Problemmüll. Zu diesem gehören auch die Corona-Schnelltests.

Sie enthalten einen von der EU als besonders besorgniserregend eingestuften Stoff, das Nonylphenolethoxylat. Er kann den Hormonhaushalt des menschlichen Körpers schädigen, schwere Augenreizungen und Allergien verursachen. Laut Arbeitsschutz-Datenblatt der deutschen Unfallversicherungen gilt Nonylpheolethoxylat als stark wassergefährdend. Es trägt den Gefahrenhinweis „Sehr giftig für Wasserorganismen". Schon beim Eindringen geringer Mengen in Böden, Gewässer oder Kanalisation sollten die Behörden verständigt werden. Auch wenn die Menge dieses Giftstoffes in den einzelnen Schnelltests sehr gering ist, kann man sich ausmalen, wie viel davon durch die weltweiten Massentests in die Umwelt gelangt ist und weiter gelangt.

Auch eine Pandemie ist für Dich zuallererst eine Bedrohung für Dich und Deine Spezies. Das so zu sehen, ist verständlich und aus Deiner Sicht völlig nachvollziehbar. Aber wie bei anderen Krisen auch, schaust Du in Deinem Handeln nicht auf die globalen Zusammenhänge. Dabei hat alles, was Du tust, Verbindungen ins Ökologische. Dir mag das inzwischen zumindest in Ansätzen bewusst sein. Aber diese Erkenntnis zieht kein entsprechendes Handeln nach sich. In Krisen läufst Du immer im Kampfmodus, dem die Vorstellung *„Ich gegen die Natur"* zugrunde liegt. Wenn Du das nicht änderst, wirst Du keine Zukunft auf „Planet Erde" mehr haben.

Dein Krieg gegen das Leben

Die Coronakrise hat gezeigt, was zu leisten Du in der Lage bist, wenn Dir akute Gefahr droht. In Ansätzen versuchst Du Ähnliches in der Klimakrise zu erreichen. Deine Bemühungen in anderen Bereichen der ökologischen Krise hinken da weit hinterher. Man muss aber gar nicht erst Corona bemühen: Was wäre, wenn es eine vergleichbare globale Anstrengung geben würde, Mikroplastik in der Umwelt zu vermeiden, wie es nun eine gibt, den Klimawandel zu stoppen? Das Klima hat den Vorteil, dass es Euch harte Fakten liefert. Ihr könnt es messen, Ihr könnt Computermodelle erstellen, Ihr könnt Szenarien entwerfen, die Euch die Folgen glasklar vor Augen führen. Beim großen Problem der Vermüllung der Ozeane und der globalen Vergiftung mit Mikroplastik und anderen Chemikalien habt Ihr Vergleichbares nicht. Ich wäre froh, Ihr hättet solche Daten, könntet mit ihnen Modelle erstellen, die Euch erschrecken und das Ausmaß der Folgen für das Leben auf diesem Planeten aufzeigen. Aber dieses Umweltproblem ist zu diffus für Euch, als dass es Euch zum sofortigen und effektiven Handeln zwingt. Und darin liegt die große Gefahr.

Mikroplastik ist in Deiner Umwelt schon so verbreitet, dass Du ihm nicht mehr entfliehen kannst. Es macht Dich krank, selbst wenn Du das heute noch gar nicht wahrnehmen kannst, und mit Dir Deine ganze natürliche Umgebung, den ganzen Planeten Erde. Sogar wenn Du Dich von Krankheiten befreien willst, führst Du Dir Mikroplastik zu. In vielen Medikamenten befinden sich solche Stoffe, ob in Tabletten, Dragees, Salben oder Hustensäften. Welch Paradox: Du suchst Heilung für Dich und schädigst dadurch unser beider Gesundheit. Darin liegt ja die egomanische Hybris, die Dein Tun von Anbeginn leitet. Du sitzt auf dem Ast, den zu zersägst, und klammerst Dich dabei an die Säge, um nicht in die Tiefe zu stürzen. Ihr werdet beide fallen. Aber ich bin nicht der Ast, ich bin der Baum. Doch so weit reicht Deine Erkenntnisfähigkeit nicht, um das zu erfassen. Aus Angst vor Krankheit, Leid und Tod tust Du alles, um Dich davor zu bewahren.

Du betreibst Medizin wie eine Kriegskunst. Und wieder bin ich der Feind, den es zu bekämpfen gilt und über den Du obsiegen willst. Aus der Natur kommen Bedrohungen, vor denen Du Dich schützen und gegen die vorzugehen Du Dich gezwungen siehst. Und wenn die Gefahr aus dem Lebendigen selbst kommt, dann ist Zerstörung für Dich die beste Medizin: Mikroben werden in ihrer Vermehrung gehindert und dann getötet. Bakterien, Viren und Pilze sind für Dich der Feind. Gegen sie ziehst Du in den Krieg. Doch die Schlachten, die Du kämpfst, sind alles nur Pyrrhussiege: Bakterien und Pilze werden gegen Deine Waffen resistent und Viren mutieren. Du bist diesem Gegner nicht gewachsen, selbst wenn Du Dein Vertrauen noch so sehr darauf setzt, dass neue, noch bessere Technologien Dir die ultimative Superwaffe bringen werden. Jene, die Du als Deine Gegner siehst, haben Dir Millionen von Jahre Erfahrung voraus – Erfahrung im Leben und darin, wie man es erhält. Sei Dir stets bewusst, dass die für mich existenzbedrohende Krankheit *Homo sapiens* heißt. Wäre ich wie Du, ich würde Dich bis aufs

Blut bekämpfen – aus Notwehr. Aber ich bin nicht wie Du. Ich kämpfe nicht gegen Dich und will Dich nicht zerstören. Ich will Dir nur zeigen, dass Du es bist, der sich selbst zerstört. Du bist Deine eigene Autoimmunkrankheit.

Umweltgift Medizin

In Deiner Medizin herrscht die gleiche Wegwerfmentalität wie in Deiner Wirtschaft. Medizin ist für Dich ja vornehmlich Wirtschaft. Es geht in erster Linie um Profit. Die Pharmafirmen gehören zu den größten Profiteuren in Deinem kapitalistischen System, das da heißt: Herstellen und Wegwerfen. Medikamente sind Einmalprodukte, die durch Dich hindurchlaufen und die Du wieder ausscheidest, wenn sie ihre Wirkung im Organismus erledigt haben. Wohin sie gehen, das interessiert Dich nicht. Die Toilette ist ein eleganter Entsorger. Medikamente sind biologisch hochaktive Stoffe. Viele von ihnen verlassen den Organismus unverändert und gelangen so in die Umwelt, vor allem ins Wasser. Manche der Arzneimittel, die Dich gesund machen sollen, sind nicht weniger giftig als Pestizide und Herbizide. Klinikabwässer gleichen in ihrer Zusammensetzung bisweilen Sondermüll.

Eines der ökologisch problematischsten Medikamente ist das Rheuma- und Entzündungsmittel Diclofenac. Allein in Deutschland werden rund 85 Tonnen des Wirkstoffs jährlich eingesetzt. Bei Antibiotika ergibt sich ein zusätzliches Problem: Sie wirken auch in der Umwelt antibiotisch und greifen Bakterien an. So können sie das Ökosystem nachhaltig verändern. Gleichzeitig erhöht das den Druck auf die Bakterien, Resistenzen zu entwickeln. Deshalb steigt die Zahl antibiotikaresistenter Keime auch unaufhaltsam an. Viele Flüsse sind schon deutlich mit Antibiotika belastet. In Europa ist die Donau der Fluss mit der höchsten Konzentration an antibiotischen Substanzen.

Die Kläranlagen schaffen es kaum, etwas davon herauszufiltern. Und das, was im Klärschlamm hängenbleibt, landet dann auf Deinen Ackerböden, die eh schon von Agrargiften und Mikroplastik überlastet sind. Dazu kommen noch die Rückstände aus der Tiermedizin über Gülle und Mist. Aus den Ställen der Massentierhaltung gelangen besonders viele Rückstände von Medikamenten in die Natur. Diese Tiere sind viel anfälliger für Krankheiten und erreichen manchmal nur mittels dauernder Medikation das gewünschte Schlachtalter. Mittlerweile hat man Arzneimittelrückstände schon im Trinkwasser verschiedener Städte nachweisen können. Noch sind die Mengen nicht besonders besorgniserregend. Das werden sie aber in den nächsten Jahren zwangsläufig werden, denn wirksame Abhilfe ist nicht in Sicht. Die Produktion in den Pharmafirmen steigt kontinuierlich an. Sie erzielten 2001 einen weltweiten Umsatz von 390 Milliarden US-Dollar. Im Jahr 2019 waren es bereits über 1100 Milliarden. All das ist Folge eines rasanten Anstiegs der Menge verkaufter Arzneimittel. Die Coronapandemie dürfte dieser Entwicklung noch einen zusätzlichen Schub geben. Allein von März bis Mai 2020 sind die deutschen Pharmaexporte um fast fünfzehn Prozent gestiegen.

Tieropfer

Sicher: Bei Medikamenten geht es um Eure Gesundheit. Das ist etwas anderes als Plastikfolien fürs Gemüse oder Putzkörper in der Zahncreme. Aber gerade das Thema Arzneimittel zeigt, wie sehr Du in der Ideologie des *„Human first“* gefangen bist. Denn ich bin es, der den Preis für Deine Gesundheit zu zahlen hat. Hier ist nicht einmal das bedenkenlose Entsorgen der medizinischen Chemikalien das Hauptproblem. Das größere ist kein direkt ökologisches, sondern vielmehr ein ethisches. Dein Fortschritt in der Medizin geht auf Kosten Abermillionen von Tieren, die sich in den Versuchslaboren opfern lassen. Alles ethisch vertretbar, alles tierrechtskonform, sagst Du. Aber schau genau hin: Du siehst Dich immer noch als die Krone der Schöpfung, Herr und Lenker der Welt, Statthalter Gottes, auch wenn Du all diese Attribute heute weit von Dir weist. Das ist Selbstbetrug.

Dein Säkularismus hängt noch immer am Tropf der monotheistischen Offenbarungsreligionen.

Rund drei Millionen Versuchstiere werden in Deutschland pro Jahr verbraucht. An die 800 000 sterben dabei. Während Menschen sich freiwillig zu medizinischen Studien melden können und dafür gut entlohnt werden, haben Tiere keine Wahlfreiheit. Sie sind der Wissenschaft ausgeliefert. Für Dich sind sie notwendige Gebrauchsartikel, die entsorgt werden können, wenn sie ihren Dienst getan haben.

Aber auch wenn sie die Versuche nicht mit ihrem Leben bezahlen: Tierversuche verursachen immer Schmerz und Leid. Anders als in den Schlachthöfen, wo eine Betäubung zumindest vorgeschrieben ist, gehört das Zufügen von Schmerz und Leid gerade zum Wesen solcher Versuche. Wie sonst willst Du die Reaktionen auf Deine chemischen Substanzen prüfen können? In Schlachthöfen tötest Du Tiere, um sie als Nahrungsmittel aufzubereiten. In Versuchslaboren machst Du Tiere gezielt krank, um sehen zu können, ob Deine neuen Arzneimittel tatsächlich wirken. Ja, es geht in erster Linie um das Leid der Menschen, jener, die unter solchen Krankheiten leiden und die bisher vielleicht nicht geheilt werden konnten. Aber auch für jede Kopfschmerztablette sind einmal Tausende von Tieren verbraucht und zum großen Teil getötet worden.

Ich weiß, dass dies ein Dilemma für Dich ist, weil Du ohne Tiere keine Pharmaforschung betreiben kannst. Aber es wird auch hier geforscht. Schon gibt es einige Methoden, die Tierversuche ersetzen können, zumindest in einem kleinen und eingeschränkten Bereich. Es wäre mehr Forschung nötig. Forschung aber kostet Geld. Tierschutz ist vielleicht nicht das zündende Motiv, um Gelder zu generieren. Wer profitiert davon? Die Pharmaindustrie kaum. Jedenfalls nicht so wie beispielsweise bei der Entwicklung von Impfstoffen gegen das neue Coronavirus Sars-CoV-2.

Welche Finanzmittel die Staatengemeinschaft in kürzester Zeit freisetzen kann, um Pharmakonzerne zu unterstützen, hat die Coronapandemie mehr als deutlich gezeigt. Allein das Unternehmen BioNTech hat zur Impfstoffentwicklung 375 Millionen Euro aus der deutschen Staatskasse bekommen, der Konkurrent CureVac fast 300 Millionen. Bei BioNTech sprang der Gewinn in den ersten 3 Monaten nach Einführung des Coronaimpfstoffes von knapp 28 Millionen Euro auf gut 2 Milliarden Euro. Für 2021 rechnet das Unternehmen mit insgesamt zwölf Milliarden Euro. An Geld, um Forschung anzutreiben, fehlt es also definitiv nicht. Was müsste geschehen, dass die Staaten so viel Geld in die Hand nehmen, um zu erforschen, wie man Tierversuche ersetzen könnte? Eine illusorische Frage.

Du siehst, es geht um mehr als nur um Fragen des Klimawandels und der Vermüllung des Planeten. Es geht auch um ethische Fragen. Und diese hängen mit den ökologischen eng zusammen. Lass Dir sagen: Es gibt keine ökologische Wende ohne eine solche Deines Naturverständnisses hin zu einer radikal ganzheitlichen Weltanschauung.

Das Wegwerf-Atom

Zu Beginn sprach ich von den neun planetaren Grenzen und davon, welche Bedeutung die neunte und letzte Grenze hat. Bei ihr geht es um neue und für mich fremdartige Stoffe, die Du mir ohne Pause und in stetig steigender Menge überantwortest. Sie bleiben lange in der Umwelt, oft über viele Jahrzehnte, ja Jahrhunderte. Doch es gibt Substanzen, die wirken noch über viele Tausend Jahre zerstörerisch auf mich. Du weißt, wovon ich spreche: vom Atommüll.

Seit über sechzig Jahren nutzt Du die Kernenergie. Bis heute jedoch weißt Du nicht, wie man mit den tödlichen Hinterlassenschaften dieser Technologie sicher umgehen kann. Atommüll ist ja kein gewöhnliches Gift. Seine Wirkung ist keine chemische, sie ist eine physikalische. Das Gift ist die radioaktive Strahlung. Sie wirkt zerstörerischer als viele der chemischen Gifte, die Du in die Umwelt entsorgst. Und vor allem: Sie wirkt wesentlich länger. Beispiel Plutonium-239: Es dauert über 24 000 Jahre, bis gerade einmal die Hälfte seiner radioaktiven Isotope zerfallen ist. Dieser Stoff ist extrem gefährlich. Er tötet nicht direkt, sondern löst Krankheiten aus, die meist tödlich enden. Schon kleinste Mengen schädigen das Erbgut und erzeugen maligne Tumore und Leukämie.

Aktuell entstehen durch die Nutzung der Kernenergie jährlich 12 000 Tonnen hochradioaktiver Abfälle weltweit. Inzwischen dürften schätzungsweise gut 300 000 Tonnen davon angefallen sein. Sie entstehen vor allem durch den Uranabbau, den Betrieb von Atomkraftwerken und in der Medizin. Wo dieser strahlende Müll endgültig entsorgt wird, ist bis heute nicht geklärt. In allen Ländern sucht Ihr fieberhaft nach geeigneten Standorten. Die Schutzwirkung eines atomaren Endlagers soll eine Million Jahre betragen. Auch das erklärt, dass in Deutschland bis heute noch kein Endlager für hochradioaktive Abfälle in Betrieb ist. Das verführt natürlich dazu, es mit dem Atommüll wie mit dem Plastikmüll zu machen. Man exportiert ihn in andere Länder, die das dafür gezahlte Geld gut gebrauchen können.

Obwohl eigentlich verboten, verschieben viele Länder ihren Atommüll über rechtliche Schlupflöcher in alle Welt – meist ohne genau zu wissen, was dort mit ihm geschieht. So landeten schon mehrere Zehntausend Tonnen Atommüll in Russland. Frankreich soll seit den 1990er-Jahren einen Großteil seines Atommülls illegal nach Russland exportieren. Dort lagern die Container teilweise ungeschützt unter freiem Himmel. In der Nähe einer Industriestadt in Kirgisien gibt es 38 ungesicherte Lager für Uranabfälle. Die Gegend zählt zu den am schlimmsten verseuchten Gebieten weltweit. Früher hast Du den strahlenden Abfall einfach ins Meer gekippt. Bis 1994 war das noch möglich. Heute liegen schätzungsweise über 100 000 Tonnen Atommüll auf dem Meeresgrund. Russland hat ganze Kernreaktoren inklusive abgebrannter Brennelemente in der arktischen See versenkt. Und Japan hat entschieden, mehr als eine Million Kubikmeter gereinigtes Kühlwasser aus dem havarierten Atomkraftwerk Fukushima kontrolliert ins Meer zu leiten – und das, obwohl das Abwasser noch radioaktives Tritium enthält.

Für brisante Stoffe scheint Euch das Meer der geeignetste Entsorgungsort zu sein. Das gilt nicht nur für radioaktives Material. Auch Kriegsmunition lagert in rauen Mengen am Meeresgrund. Allein in die deutschen Gewässer der Nord- und Ostsee habt Ihr schätzungsweise 1,6 Millionen Tonnen explosives Waffenmaterial versenkt. Dazu kommen noch rund 300 000 Tonnen Chemiewaffen mit Senfgas, Sarin oder anderen gefährlichen Substanzen. Dieses ganze todbringende Material war für Euch unbrauchbar geworden, Kriegsmüll gewissermaßen. Und beim Thema Müll kennt Ihr anscheinend nur ein einziges Konzept: aus den Augen aus dem Sinn. Diese Strategie ist die Ursache aller Probleme. Zerstörerische Konzepte aber kann man nur ändern, nicht entsorgen.

Der hochriskante Atomstrom hat kein gutes Image. Doch das könnte sich mit dem Klimawandel ändern – denn eines ist unbestritten: Gegenüber allen anderen konventionellen Stromlieferanten ist das Atom am klimaverträglichsten. Atomkraftwerke stoßen keine Treibhausgase aus. Sie sind also sauber – zumindest von dieser Warte aus betrachtet. Schon wird ernsthaft darüber diskutiert, wieder vermehrt auf Atomenergie zu setzen, um die Klimaziele zu erreichen. Nicht wenige Deiner Expertinnen und Experten hoffen auf neue Technologien, die die Probleme mit der Kernenergie lösen könnten. Kernreaktoren einer neuen Generation sollen der große Problemlöser sein. Doch diese haben selbst große Probleme.

Solche Reaktoren der „Generation IV" sollen gefahrlos betrieben werden können, kaum Atommüll produzieren, keine hohen Kosten verursachen, dafür aber jede Menge Strom liefern. Ob diese Versprechen auch gehalten werden können, wird immer mehr angezweifelt. Bis heute gibt es noch keinen einzigen Prototypen, der mit dieser Technologie arbeitet. Wann mit diesen Reaktoren überhaupt nennenswert Strom produziert werden kann, steht noch in den Sternen. Derweil läuft der Klimawandel ungehindert weiter. Um an diesem etwas substanziell zu ändern, müssten diese Kernkraftwerke sofort, weltweit und in großem Umfang ans Netz gehen. Mit solchen Super-Reaktoren den Klimawandel zu stoppen, erweist sich als Märchen.

Auch sind einige von Euch auf die Idee gekommen, die Welt mit unzähligen dezentralen „Mikro-Atommeilern" zu bedecken. Das macht die Anlagen natürlich billiger, verstreut aber auch das Risiko, das die Atomenergie nun mal mit sich bringt, flächig über die ganze Erde. Tragfähige Sicherheitskonzepte für solche Anlagen müssen erst noch diskutiert, dann ausgearbeitet und schließlich umgesetzt werden. Zudem entsteht in einigen solcher neuen Reaktortypen radioaktives Uran-233. Dieses lässt sich besonders leicht waffenfähig machen. Die Idee, die schon für eingemottet gehaltene Atomenergie wieder zu reaktivieren, hat also eine große Schattenseite, denn ob bisherige oder neue Technologie: Atomkraft ist ein Auslaufmodell. Die bestehenden Atomkraftwerke sind inzwischen in die Jahre gekommen. In den nächsten zehn Jahren müssten rund einhundert neue Atommeiler entstehen, alleine um die ausgemusterten zu ersetzen. Planung und Bau neuer Atomkraftwerke brauchen aber vor allem eines: Zeit. Da gehen schon einmal zwanzig Jahre drauf, bis ein neuer Reaktor Strom liefert.

Außerdem kostet der Neubau von Kraftwerken sehr viel Geld. Atomstrom an sich ist teuer: Umgerechnet auf die Megawattstunde kostet er sogar dreimal so viel wie Strom aus erneuerbaren Quellen. Zudem muss man fragen, ob die

Mehrinvestitionen in die Entwicklung und den Bau neuer Atomkraftwerke nicht weniger Geld für die Förderung erneuerbarer Energien bedeuten würden. Bedacht werden muss auch, dass Strom aus Kernenergie nicht gänzlich klimaneutral ist. Keine Art der Energiegewinnung ist das. Und schließlich ist und bleibt jedes Kernkraftwerk ein potenzielles Ziel eines kriegerischen Angriffs. Naturkatastrophen können zu Unfällen wie in Fukushima führen. Dass die Atommeiler vor solchen Ereignissen tatsächlich geschützt sind, konnte noch kein Praxistest zweifelsfrei beweisen. Das gilt auch für die Sicherheit der Endlager.

Das große Vertrauen in Deinen Forschergeist und den Glauben an den ungehinderten Siegeszug neuer Technologien in Ehren: Das Festhalten an der alten Atomkraft hat keine rational einsehbaren Gründe. Das heißt ja nicht, dass Du auf Forschung und Technik an sich verzichten sollst, im Gegenteil. Im Bereich der erneuerbaren Energien und der Speichertechnologien gibt es noch sehr viel zu tun. Es wäre schön, Du gingest hier mit vergleichbarem Elan und ebensolcher Begeisterung voran.

Es gibt eine zehnte Grenze

All das, was ich Dir nun aufgezählt habe, gehört zu nur einer der neun planetaren Grenzen. Dabei sind in dieser hauptsächlich die chemischen

Wirkungen neuartiger Substanzen angeführt. Nur beim Atommüll ist der schädliche Effekt nicht chemischer, sondern physikalischer Art, die radioaktive Strahlung nämlich. Dabei gibt es seit wenigen Jahrzehnten noch viele andere Strahlungsquellen, die Du künstlich erzeugt hast, und deren Felder, Wellen und Strahlen mich immer mehr und immer intensiver durchdringen. Es hat einst mit Funk und Fernsehen angefangen und zeigt sich heute im globalen Einsatz von Mobilfunk, WLAN und Co. Eigentlich bräuchte es für alle diese physikalischen Störeinflüsse eine eigene, eine zehnte planetare Grenze. Hier müssten nicht nur die künstlichen Strahlungen und Felder eingruppiert werden, sondern auch Licht und Lärm, die mittlerweile ebenfalls die Ökosysteme schädigen.

Was sich in diesem für Dich unsichtbaren Bereich verändert hat, ist in der Tat umwälzend. In einem kaum vorstellbaren Maße durchziehen hochfrequente Felder inzwischen den gesamten Planeten, damit Du ein Leben auf Basis virtueller und digitaler Kommunikation führen kannst. Allein, es fehlt Dir das Sinnesorgan dafür, dies alles wahrzunehmen. Würden all die elektromagnetischen Felder und Wellen, all die Strahlung, die Dich 24 Stunden am Tag umgibt, Töne sein, würden sie Licht sein: Du würdest in dieser Umgebung nicht lange überleben können. Aber da Du nichts hörst und nichts siehst, meinst Du, es gäbe nichts dergleichen, was Dich direkt bedrohen könnte. Aber dem ist ja nicht so. Du weißt inzwischen, dass Wellen und Strahlen Deine Gesundheit gefährden können. Nicht umsonst hast Du das Wort *„Elektrosmog"* kreiert.

Du weißt auch, dass es zumindest möglich erscheint, dass durch die ganze zusätzliche Strahlung, die Du emittierst, Zellen in Deinem Körper entarten können. Für jede Form von Strahlung hast Du Grenzwerte festgelegt, von denen Du vermutest, dass sie Dir Sicherheit vor dieser potenziellen Gefahr geben. Ob sie das aber tatsächlich tun, ist wiederum nicht sicher. Du meinst, das hätte nur etwas mit Dir zu tun, nichts mit der Umwelt. Es sei deshalb kein ökologisches Problem. Das beweist aufs Neue, dass Du Dich getrennt von der Umwelt siehst, dass sie Dir nur als ein Objekt außerhalb Deiner Existenz erscheint. Welch weitreichender Irrtum!

Wissen, ignorieren, manipulieren

Natürlich haben elektrische, magnetische und elektromagnetische Strahlen und Felder biologische Wirkungen. Das ist wissenschaftlich längst nachgewiesen. Und biologische Wirkungen betreffen nun mal alle Lebewesen, nicht nur *Homo sapiens*. Wenn sie aber generell auf alles Lebendige wirken, dann haben sie auch einen ökologischen Effekt. So weißt Du heute, dass Mobilfunkfrequenzen einen deutlichen Einfluss auf Insekten haben. Es ist durchaus möglich, dass sie auch am Insektensterben zumindest mitschuldig sind – aber, solange das für Dich alles nur unbelegte Vermutungen sind, besteht für Dich kein Grund zu handeln. Und da haben wir wieder das ewige Problem, das Du so gerne verdrängst: Ihr Menschen wisst über viele grundlegende Dinge noch viel zu wenig. Aber über ein Problem wenig zu wissen, heißt nicht, dass von dem Problem keine Gefahr ausgeht.

Nun steht im Mobilfunk eine Revolution bevor. Weltweit soll die 5G-Technologie umgesetzt werden. Dabei werden Frequenzen benutzt, die um das Vielfache höher sind als bei den bisherigen Standards. Um die biologischen Wirkungen dieser Technologie verlässlich einschätzen zu können, braucht Ihr ebenso verlässliche Daten. Nur gibt es die noch nicht – vor allem, wenn es um mögliche Langzeitfolgen geht. Alles, was Ihr an Daten und Erkenntnissen habt, bezieht sich auf die alten Netze und deren Frequenzen. Ob man diese aber auf das 5G-Netz übertragen kann, ist Euch nicht eindeutig klar. Natürlich kommt 5G trotzdem. Der Mut zum Risiko ist immer Grundlage Eures technischen Fortschritts gewesen. Das ist ja bei den Coronaimpfstoffen nicht anders. Niemand weiß um die möglichen Spätfolgen dieser Vakzine (die ja teilweise auch auf einer ganz neuen Technologie beruhen), weil es schlicht keine Daten dazu gibt. Trotzdem werden weltweit in kürzester Zeit Milliarden von Menschen damit geimpft.

Natürlich, nur wenn man ein gewisses Maß an Risiko eingeht, sind wirkliche Fortschritte möglich. Wer keinerlei Risiko eingehen möchte, müsste sich auch aus dem Abenteuer Leben ausklinken. Aber es kommt auf die Art des Risikos an. Christoph Kolumbus und seine Männer gingen ein großes Risiko ein, als sie in See Richtung Amerika aufbrachen. Neil Armstrong, Buzz Aldrin und Michael Collins ebenso, als die Saturn-V-Rakete sie zum Mond katapultierte. Heute aber geht es nicht um das Risiko einiger mutiger Menschen. Das nicht genau kalkulierbare Risiko von 5G und Coronaimpfung betrifft Milliarden von Menschen – und das Ökosystem. Aber Du willst davon nichts wissen.

Du erkennst eine Gefahr erst dann als solche an, wenn Du genügend darüber weißt. Erst wenn Du harte Fakten hast, erst wenn Du eindeutige Studien hast, die nicht durch andere Studien infrage gestellt werden, bist Du bereit, Gefahren, die durch Deine technologische Hybris entstanden sind, zu akzeptieren. Das häufig zu findende Fazit: *„... hat keine Belege ergeben, dass ...“* wird in der Öffentlichkeit oft so interpretiert, als wäre wissenschaftlich erwiesen, dass kein Zusammenhang bestünde. Das ist aus wissenschaftlicher Sicht natürlich Unsinn. Aber wenn es um den technologischen Fortschritt geht, ist Dir häufig nicht daran gelegen, solchen offensichtlichen Unsinn öffentlich zu korrigieren. Das Thema Elektrosmog ist ein Beispiel dafür.

Es gibt inzwischen zahlreiche Studien, die zeigen, dass aus diesem Bereich tatsächlich Gefahren für Mensch und Umwelt drohen. Doch es sind da auch andere Studien, die diese Gefahr nicht belegen können. Studien aber sind keine Faktengeneratoren, keine Produzenten wissenschaftlicher Wahrheiten. Studien müssen immer interpretiert werden. Und das ist das eigentliche Problem. Wie man mit unliebsamen Studien umgeht, kennt man im Wissenschaftsbetrieb doch allzu gut. Man interpretiert sie anders oder erstellt gleich Gegenstudien, die genau das Gegenteil dessen zeigen sollen, was andere besagen. Das ist ein Kinderspiel. Frage mal Deine Wissenschaftler und Wissenschaftlerinnen. Und selbst wenn solche Studien dann in der Wissenschaftsgemeinde nicht anerkannt werden: Sind sie erst einmal im unendlichen Kosmos des Internets verbreitet, geht ihre Saat auf. Das kennt man von Verschwörungstheorien nur zu gut. Selbstverständlich bedienen sich Leute, die negative ökologische Folgen von Technologien belegen wollen, bisweilen solcher Tricks. „Seriöse" Wissenschaftler und Wissenschaftlerinnen aber auch. Diese sind nicht davor gefeit, ebenso vorzugehen. Bei Dir läuft es anscheinend immer nach dem Muster: Was den gewünschten Effekt hat, wird gemacht. *Homo sapiens at its best* ... (verzeih mir den Zynismus).

Jenen, die Kritik äußern, wirfst Du vor, sie seien fortschrittsfeindlich. Sie würden in der modernen Technologie nur etwas Zerstörerisches sehen. Wissenschaft und Technik seien in ihren Augen per se gefährlich, und sie würden sich gegen alle neuen Errungenschaften wehren. Es mag sein, dass einige Deiner Zeitgenossen eine solch einseitige Sichtweise an den Tag legen und ein Zurück ins vortechnologische Zeitalter als erstrebenswertes Ziel ansehen. Nein, das kann es natürlich nicht sein, denn Technikfeindlichkeit ist ebenso borniert einseitig wie Technikgläubigkeit. Technik und Fortschritt sind weder des Teufels noch haben sie einen messianischen Charakter, durch den sie die Welt von allen Übeln erlösen. Gerade der physikalische Bereich zeigt, dass es nicht immer nur neue Technologien sind, die eine potenzielle Gefahr für das Leben darstellen.

Es müssen gar nicht Handy-, Mikrowellen- oder Röntgenstrahlen sein. Schon einfaches Licht kann die Umwelt negativ beeinflussen, wenn Du es unkontrolliert einsetzt. Du weißt, wovon ich rede: von der Lichtverschmutzung. Du weißt wohl aber nicht, welche Gefahr sich dahinter verbirgt. Vielleicht denkst Du an die Astronomen, die darüber klagen, dass der Nachthimmel nicht mehr so dunkel sei, wie er früher einmal war, und dass es für sie schwerer sei, ihre astronomischen Beobachtungen zu machen. Dir ist schon klar, dass das keine gute Entwicklung ist und dass das die Arbeit der Astronominnen und Astronomen erschwert. Aber eine existenzielle Bedrohung für den Planeten dürfte darin ja wohl kaum liegen. Da hast Du recht. Wenn Du aber glaubst, die Lichtverschmutzung beeinträchtige nur den nächtlichen Blick in den Sternenhimmel, dann täuschst Du dich. Lichtverschmutzung ist kein Luxusproblem von Hobbyastronomen.

Beim Licht ergibt sich ein Paradox: Licht ist notwendig, ja sogar lebenswichtig, kann das Leben aber auch gefährden, wenn es falsch eingesetzt wird. Früher gab es nur das Licht der Sonne oder das des offenen Feuers. Vor zweihundert Jahren hast Du das elektrische Licht entwickelt. Seither kannst Du die Nacht zum Tag machen. Das hast Du dann auch gemacht, schließlich müssen Gesellschaft und Wirtschaft rund um die Uhr aktiv sein, funktionieren und vor allem produzieren. Nächtliche Ruhephasen sind aus dieser Sicht ziemlich unpassend, weil kontraproduktiv.

Die Nacht zum Tag machen heißt letztlich, die Nacht als solche abzuschaffen und in einen künstlichen Tag zu verwandeln. Alles hängt am Licht. Wo es hell ist, ist Tag. Da Dir Zahlen und Daten heilig sind, ist Dir nicht entgangen, dass inzwischen 50 bis 80 Prozent der Weltbevölkerung von Lichtverschmutzung betroffen sind. In Ballungsgebieten sind es 100 Prozent. Jahr für

Jahr steigt diese Zahl um rund sechs Prozent, in Japan sogar um zwölf, in einigen US-Staaten sogar um fast dreißig Prozent. In den Jahren 2012 bis 2016 ist die Fläche der beleuchteten Erdoberfläche um über neun Prozent angestiegen. Du weißt also, dass hier ein Problem vorliegt. Diese Tatsachen kannst Du nicht leugnen. Einige von Euch versuchen aber, die Folgen der Lichtverschmutzung für das Leben auf „Planet Erde“ zu relativieren. Doch auch das funktioniert nicht, weil die Zahlen hier ebenfalls eine deutliche Sprache sprechen.

Es ist unbestritten, dass Pflanzen durch übermäßige künstliche Belichtung in ihren Wachstumszyklen beeinträchtigt werden. Lichtquellen mit hohem Blauanteil stören die Navigation vieler Nachtinsekten erheblich, ebenso die Orientierung von Zugvögeln. Gewöhnliche Straßenlampen sind für viele Insekten tödlich. Man schätzt, dass durch sie in jeder Nacht fast eine Milliarde Insekten sterben können. Hier hast Du reagiert, weil Dir die Technik eine einfache Lösung bietet: Neue Lampen enthalten Natrium statt Quecksilber. Ihr Licht ist gelblich und für Insekten weniger anziehend. Leider halten aber auch diese die Tiere nicht vollständig ab. Vögel auf Meeresinseln werden durch künstliches Licht ebenfalls irritiert. Vor allem Jungvögel finden bei ihren ersten Flügen nicht mehr auf sicheres Land zurück. Ähnliches zeigt sich bei Meeresschildkröten. Deren Jungtiere finden an hell erleuchteten Stränden nicht mehr den Weg ins Meer. Auch für viele andere nachtaktive Tiere kann die zunehmende Lichtverschmutzung bedrohlich werden – natürlich auch für Euch Menschen, die Ihr ja inzwischen rund um die Uhr aktiv seid, freiwillig oder gezwungenermaßen.

Die Zirbeldrüse schüttet das Schlafhormon Melatonin vor allem dann aus, wenn es dunkel ist. Schlafstörungen sind ein zunehmendes Problem für Euch. Die Hälfte der Bevölkerung leidet darunter, 15 Prozent der Menschen so ausgeprägt, dass sie ärztlich therapiert werden müssen. Lichtverschmutzung kann das Hormonsystem durcheinanderbringen und Auswirkungen auf das Einsetzen der Pubertät oder auf die Monatsblutung haben. Möglicherweise stehen auch hormonabhängige Krebsformen damit in Verbindung. Aber auch hier gilt: Über die genaueren Zusammenhänge und Auswirkungen wisst Ihr noch viel zu wenig. Die Erforschung der Lichtverschmutzung gehört zu den Randgebieten der Wissenschaft. Und für solche gibt es kaum Forschungsgelder.

Täusche Dich nicht: Die Lichtverschmutzung erscheint nur auf den ersten Blick als nachrangiges Problem. Auch sie gehört zu den Folgen Deiner Herrschaft über den Planeten. In Verbindung mit den anderen neuen Einflüssen, die von Dir ausgehen, kann das alles zu einem zentralen Problem werden, weil mir die Möglichkeit fehlt, regulierend darauf zu antworten. Meine

Fähigkeit zur Selbstregulation ist groß – aber sie ist nicht unerschöpflich.

Lärmend geht die Welt zugrunde

Ich möchte noch einen menschengemachten Umwelteinfluss ansprechen, der eine zunehmende Bedrohung für mich darstellt. Auch er gehört zu den neuen physikalischen Einwirkungen. Es ist der Lärm. Wie beim Licht siehst Du auch beim Lärm das Problem nicht als existenziell an. Eine hohe Lärmbelastung ist für Dich sehr unangenehm, aber eben nicht existenzbedrohend. Im Vergleich zum Klimawandel ist die Lärmverschmutzung ein untergeordnetes Problem. Lärm kann krank machen, sicher, aber er kann für gewöhnlich nicht töten. Du kannst Gegenmaßnahmen ergreifen, mehr noch als beim Licht. Du kannst leisere Geräte und Motoren bauen, Du kannst Lärmschutzvorrichtungen schaffen – alles kein Problem für Dich. So, wie Du die Lärmverschmutzung einschätzt, zeigt sich erneut, dass es Dir vor allem darauf ankommt, wie sich eine Umweltbelastung auf Dich, Dein Leben und Deine Gesundheit auswirkt. Die globalen Folgen sind für Dich weniger wichtig. Sie zu unterschätzen, kann große Probleme nach sich ziehen.

Die Daten, die Du zu den negativen Folgen von Lärm hast, betreffen vor allem die Wirkungen auf Dich selbst. Dabei steht die Frage im

Vordergrund, welche Auswirkungen Lärm auf die menschliche Gesundheit hat. Hier scheint die Lage eindeutig zu sein. Lärm kann zunächst einmal Dein Hörorgan schädigen, was nicht weiter verwundert. Schwerhörigkeit und Tinnitus können die Folgen sein. Lärm erhöht den Stresspegel. Damit wird Lärm zu einem psychosozialen Störfaktor. Dazu muss der Lärmpegel gar nicht so hoch sein, dass er direkt hörschädigend wirkt. Über Stressreaktionen wird das Hormonsystem beeinträchtigt. Daraus entwickeln sich dann häufig Schlafstörungen, Herz- und Kreislaufbeschwerden oder Stoffwechselstörungen. Bei andauernder Lärmbelastung können diese chronisch werden und zu teils bedrohlichen Krankheiten führen. Das ist bekannt und belegt. Aber nochmals: Du bist nicht alleine auf der Welt. Nicht nur Du wirst durch den Lärm geschädigt, auch Deine tierischen Mitbewohner leiden unter dem Lärm, den Du produzierst. Das hast Du inzwischen ebenfalls untersucht.

Möglicherweise ist Lärm für Tiere noch gefährlicher als für Euch. Technische Geräusche können die Kommunikation zwischen den Tieren beeinträchtigen, ebenso die Ortung von Beutetieren – aber auch die Paarung und die Aufzucht des Nachwuchses. Einige Tierarten weichen auf ihren Wanderungen Lärmquellen großräumig aus, was ebenfalls Auswirkungen auf ihr natürliches Verhalten hat. Bei Singvögeln zeigt sich, dass sie unter Lärmbelastung später das Singen lernen und sich auch ihr Gesang verändert. Der negative Einfluss von Lärm auf die Biodiversität ist gerade bei den Singvögeln eindeutig messbar. Bei Mehlmotten wurde eine deutlich reduzierte Eiablage unter Lärmeinwirkung gemessen. Wissenschaftliche Studien gibt es schon zu vielen unterschiedlichen Tierarten, ja es existieren sogar solche, die die Lärmfolgen auf Pflanzen eindeutig zeigen. Es geht bei der Lärmbelastung also nicht nur um die hörfähigen Lebewesen. Alles, was lebt, kann durch Schallwellen beeinträchtigt werden.

So wichtig es ist, diese Belastung zu kennen und ihr entgegenzuwirken, sie ist nur ein kleiner Teil dessen, was die Lärmverschmutzung zu einem gravierenden ökologischen Problem macht. Dieser Lärm belastet die Ökosysteme, die Du bewohnst und die Du mit diesen Tieren teilst: das Land und die Luft. Für das Ökosystem Wasser ist der Lärm eine noch viel größere Belastung. Und das liegt auch daran, dass Du diesen Lärm nicht wahrnimmst und somit nur die Tiere direkt unter ihm leiden, nicht aber Du – obwohl Du dessen Erzeuger bist.

Krach, der aus der Tiefe kommt

Lärm breitet sich auch im Wasser aus. Wasserlebewesen leiden ebenso unter ihm wie Landbewohner. Vom akustischen Stress unter Wasser bekommt Ihr nur begrenzt etwas mit. Dabei sind die Lärmquellen allgemein bekannt:

Schiffsmotoren, Bohrinseln, Windparks, Baggerungen, Marinesonar, seismische Messungen, Munitionsexplosionen. All das führt dazu, dass die Unterwasserwelt alles andere als still ist. Auf Deiner Suche nach Gas und Öl schießt Du beständig seismische Luftdruckkanonen ab. Diese verbreiten dabei einen Lärm, der dem eines Raketenstarts kaum nachsteht. In einem Umkreis von einem Kilometer töten diese Schallwellen alles Plankton ab. Das Bohren nach Öl erzeugt den Lärmpegel eines Rockkonzerts, der noch über Hunderte Kilometer weit zu hören ist. Das Gleiche gilt für große Schiffsmotoren.

Fische und andere Wassertiere geraten durch Lärm ebenso in einen Dauerstress wie Tiere an Land, was vergleichbare Folgen auf deren Gesundheit hat. Es passiert etwas Ähnliches wie bei den Singvögeln: Delfine und andere Wale verändern ihren Gesang, manche Buckelwale können unter Lärmstress sogar völlig verstummen. Schwertwale verringern unter Lärmbelastung ihre Nahrungsaufnahme. Es gibt Fischarten, bei denen sogar eine deutlich verringerte Lebenserwartung festgestellt wurde.

Ein großes Problem ist die Beeinträchtigung der Orientierung von Meeressäugern, denn sie sind dabei auf ihr Gehör angewiesen. Die auffällige Häufung von Strandungen von Walen und Delfinen in den letzten Jahren kann mit auf den Unterwasserlärm zurückgeführt werden. Häufig sind solche nach Militärmanövern zu beobachten, bei denen Unterwassersonare eingesetzt wurden, die einen enormen Lärm verursachen. Im Extremfall können die Tiere durch solche Schallereignisse traumatische Gefäßschäden im Gehirn, in den Lungen und in anderen inneren Organen erleiden. Oder sie geraten in Panik und tauchen zu schnell auf, was tödliche Embolien auslöst. Manche Fische oder Meeressäuger halten den Lärm nicht aus und fliehen in andere Gewässer, wo es jedoch mitunter viel weniger Nahrung für sie gibt. Weil diese Tiere dann in den Ursprungsgebieten fehlen, haben andere, denen sie dort als Beute dienen, ebenfalls ein verringertes Nahrungsangebot. So entsteht eine Kette an lebensbedrohlichen Folgen, an deren Anfang der Lärm steht, den ihr Menschen unter Wasser verursacht und den ihr nicht hört.

Die Lärmverschmutzung in Meeren und Seen ist jene Art ökologischer Schaden, der nicht direkt für Euch gefährlich wird, sondern zunächst nur für andere Lebensformen. Hier lässt sich auch mit Lärmschutz kein Profit erwirtschaften. Deshalb wird es sich genau in diesem Bereich zeigen, auf welchem ethischen Fundament Deine vielen Beteuerungen ruhen, Ökologie und Umweltschutz oberste Priorität im politischen Handeln einräumen zu wollen. Hier wird man erkennen können, ob Du der ewige *Homo oeconomicus* bleiben wirst, oder ob Du den Namen *Homo sapiens* zu Recht trägst und dieser nicht ein Euphemismus ist.

Wie groß die Auswirkungen der Erderwärmung letztlich sein werden, hängt nicht davon ab, ob Du die ökologische Energiewende schaffst, sondern davon, ob es Dir gelingt, das riesige Ökosystem Ozeane vor dem Kollaps zu bewahren. Dort nämlich liegt der wahre Schlüssel, um die Klimakatastrophe zu stoppen. Kippen diese Systeme, werden alle Deine gut gemeinten politischen Erklärungen und letztlich doch nur halbherzigen Maßnahmen zur Emissionsreduktion zur reinen Makulatur.

Das müsstest Du eigentlich wissen, schließlich ist über die Hälfte des weltweiten Kohlenstoffs in der Tier- und Pflanzenwelt der Meere gebunden. Dort wird Kohlenstoff 40- bis 50-mal schneller aufgenommen als in den Regenwäldern. Und das Phytoplankton in den Meeren produziert bis zu 70 Prozent des Sauerstoffs der Erde. Deshalb ist der langfristig effektivste Klimaschutz der Schutz der Meere. Ohne schnelle und wirksame Maßnahmen gegen die Vermüllung und Verlärmung der Meere wirst Du den Klimawandel niemals aufhalten können.

Das müsstest Du nicht nur wissen, das weißt Du ganz genau. Aber Du vermeidest, darüber ebenso laut und vernehmlich zu reden wie über die von Dir entworfene Strategie der Energiewende – denn für grundlegende Maßnahmen, die den Kollaps des maritimen Ökosystems verhindern könnten, wären viel gravierendere Einschnitte notwendig. Und vor allem wären diese nicht so ökonomiekonform wie die Umstellung auf grüne Energien. Noch dazu lässt sich leichter mit dem moralischen Zeigefinger auf Öko-Schurken wie Jair Bolsonaro in Brasilien zeigen, die für den Niedergang der Regenwälder des Amazonas verantwortlich sind, als das eigene Handeln in Bezug auf die Zerstörung der Ökosysteme selbstkritisch zu hinterfragen. *„Herr, ich danke dir, dass ich nicht bin wie dieser"*, heißt es schon in der Bibel.

Die Katastrophe wird kommen

Ich könnte noch vieles ansprechen, was das ökologische Gleichgewicht grundlegend verändert und für was allein Du verantwortlich bist. Es soll aber genügen. Ich habe mich auf das konzentriert, was für mich auf lange Sicht die größte Bedrohung darstellt. Und das ist all das, was ich seit Anbeginn der Erdgeschichte so nicht kannte – und weshalb mir die Möglichkeiten fehlen, schnell und sicher darauf zu reagieren. Ich erkenne an, dass Du dich inzwischen sehr um ökologische Belange kümmerst. Aber Du bist im Begriff, die falschen Prioritäten zu setzen. Du begehst den Fehler, Klimaschutz als Synonym für Umweltschutz zu betrachten. Wenn es um Bedrohungen des ökologischen Gleichgewichts geht, dann höre ich nur Dinge, die sich um den Klimawandel drehen. Alles andere droht in den Hintergrund zu treten. Das kann fatale Folgen haben. Der Klimawandel hat gravierende Konsequenzen, keine Frage. Aber die Natur ist ein Ganzes. Alles steht mit allem in enger wechselseitiger Verbindung. Dem Klimawandel kannst Du nur wirksam entgegentreten, wenn alle planetaren Grenzen beachtet werden.

Aber der Klimawandel wird kommen, es ist nur eine Frage, wie stark er sein wird. Jedem Kind lehrst Du, wie die Erderwärmung das Leben auf dem Planeten verändern wird. Du hast inzwischen jede Menge exakter Messungen, und mit diesen Zahlen speist Du Deine Computer. Diese sind die Glaskugeln des digitalen Zeitalters. Sie erstellen Dir Modellrechnungen, die in die Zukunft blicken können. Und sie verheißen nichts Gutes: Die Polkappen werden schmelzen und der Meeresspiegel steigt. Extremwetterlagen werden zur Regel – mit Dürre auf der einen Seite und Überschwemmungen auf der anderen. Stürme verwüsten ganze Landstriche und Waldbrände zerstören die letzten intakten CO_2-Speicher an Land. Der Wandel wird so schnell kommen, dass bedrohte Tier- und Pflanzenarten kaum eine Chance haben, sich anzupassen, und aussterben. Es wird gewaltsame Auseinandersetzungen um die letzten Wasserspeicher geben. Klimaflüchtlinge werden sich zu Millionen auf den Weg in scheinbar sicherere Gegenden machen. Gesellschaftliche Konflikte gefährden das Zusammenleben und die Demokratie. All das macht den Klimawandel zu der größten Gefahr seit Menschengedenken.

Allerdings gab es auch eine Zeit vor dem besagten Menschengedenken. Und dort kam es immer wieder zu solchen planetaren Katastrophen. Ja, diese waren immer zerstörerisch, das gehört zu ihrem Wesen. All Deine technischen Errungenschaften werden es nicht vermögen, solche Katastrophen künftig zu verhindern. Ohne solche grundlegenden Krisen wäre die Evolution auf „Planet Erde“ gar nicht denkbar. Gerade diese Erkenntnis aber verdrängst Du erfolgreich.

Vom Flickschustern zum Gesamtkonzept

Nochmals: Das Klima wird sich ändern, das ist keine Frage. Und es ist unstrittig, dass Ihr zumindest Mitschuld an dieser Entwicklung tragt. Und es ist gut, dass Ihr das erkannt habt und nun handelt. Doch glaubst Du wirklich, Ihr könnt das Ruder noch herumreißen? Nein, das werdet Ihr nicht können. Ihr könnt höchstens noch das Ausmaß begrenzen, aber auch das nur in engen Grenzen. Das sehen inzwischen auch schon einige Eurer Wissenschaftler und Wissenschaftlerinnen so. Ihr hättet schon vor Jahren handeln müssen, und zwar radikal und vor allem global. Ihr seid aber zu beidem nicht fähig, heute nicht und auch in Zukunft nicht. Bis die ganze Welt an einem Strang zieht und ohne Rücksicht auf ökonomische Bedenken die Reißleine zieht, wird wohl die Freiheitsstatue in Manhattan mit den Füßen im Wasser stehen.

Weil das so ist, ist Euer Kampf gegen den Klimawandel ein humpelnder Gaul. Ihr habt nur einen Plan A, aber keinen Plan B. Ihr schaut nur darauf, wie Ihr den Ausstoß von Treibhausgasen vermindern könnt, arbeitet aber nicht an einem Konzept, wie ihr das Leben *mit* dem Klimawandel gestalten könnt. Eigentlich müsstet Ihr ein großes und weitreichendes Konzept haben, ein ganzheitliches, das das Problem als Ganzes betrachtet, in all seinen Ebenen.

Ihr werdet mit einer globalen Erwärmung leben müssen. Wie hoch diese sein wird, liegt noch teilweise in Eurer Hand. Wie ihr aber mit dieser Erwärmung so gut und so sicher wie möglich leben könnt, dafür müsst Ihr *jetzt* ein Konzept entwerfen. Es wird Überschwemmungen geben, Dürren, Brände, Stürme, Wassernot. All das wird kommen. *Jetzt* ist die Zeit, zu planen, wie man damit umgeht. Vergeudet Eure Energie nicht im bloßen Überbieten der Maßnahmen gegen den Treibhausgasausstoß. Setzt sie auch ein, um jetzt das große Gesamtkonzept zu entwerfen, wie Ihr mit einem geänderten Klima leben könnt – Ihr ebenso wie Eure Mitlebewesen.

Ich bitte Dich, meine Worte nicht so zu interpretieren, dass ich Dich von Deinem Einsatz gegen den Klimawandel abbringen möchte. Dem ist nicht so. Ich habe aber die Sorge, dass Deine Anstrengungen nicht einer ehrlichen und wahren Einsicht entspringen und sie von Beweggründen geleitet werden, die weder ein grundlegendes Umdenken noch eine neue Weltsicht verlangen. Ich befürchte, dass Du im *„Macht-euch-die-Erde-untertan-Modus“* auch die große Umweltkatastrophe moderieren möchtest, auf die wir – ich und Du – unaufhaltsam zusteuern.

Dein Fasziniert-Sein von den mannigfaltigen neuen Technologien ist verständlich. Aber keine noch so hochentwickelte Technologie wird Probleme lösen können, die nicht technologischer Natur sind. Technologien sind immer nur so gut wie die Haltung des Menschen ist, der sie einsetzt. Nur auf neue Techniken vertrauen, um die Umweltkatastrophen abwenden zu können, ist kurzsichtig. Deine nicht zu bändigende Sucht nach Naturbeherrschung ist der wahre Ursprung aller ökologischen Krisen, der heutigen wie der morgigen. Du musst dort anfangen, also bei Kopf und Herz. Und zum Verzicht bereit sein. Zum Zurücknehmen Deiner eigenen Ansprüche – zu Demut. Dies wird Dir nicht über das Einsetzen von Gehirnimplantaten gelingen. Keine Künstliche Intelligenz wird Dich zu solch einer Geistesänderung veranlassen können. Ich hoffe für uns alle, dass es nicht letztlich doch der Katastrophe bedarf, um Dich zur Umkehr zu bewegen. Aber diese Hoffnung ist nicht sehr groß.

Die Lage ist sehr ernst, und ich befürchte, dass all die Fakten, die ich in diesem Brief aufgeführt habe, Dich nicht von Deinem Weg abbringen werden. Du baust Dir stattdessen einen pseudo-grünen Sonderweg, auf dem Du glaubst, all die gravierenden ökologischen Folgen ökonomisch verträglich abfangen zu können, ja mehr noch, mit dem Du meinst, noch mehr Geld verdienen zu können.

In der Politik sagen inzwischen selbst die Grünen unumwunden, die Ökologie sei das Geschäftsmodell der Zukunft. Damit wird sie aber zu einem grünen Feigenblatt. In Wirklichkeit wird damit ein Raubtierkapitalismus 2.0 kreiert, der das System der Ausbeutung und Machtausübung ökologisch verträglich, nachhaltig und enkelgerecht erscheinen lässt. Meine Antwort darauf kann nur eine rigorose sein. Sie wird Dir nicht gefallen und einen Schrei der Empörung unter Euch auslösen. Das soll sie auch.

Ich kann Dir die tiefen Gedanken nicht ersparen, die notwendig sind, das alles zu verstehen – auch wenn es Dir schwerfallen wird, sie zu begreifen, denn sie entstammen nicht dem Denksystem, das Du gelernt hast, in dem Du aufgewachsen bist und das Dein Leben in allen Bereichen grundlegend prägt. Dieses Denksystem jedoch ist die Ursache der Krise. Das zu begreifen, muss die erste Einsicht sein. Streitest Du diese Erkenntnis ab, dann wird es zwecklos sein, wenn ich jetzt weitere Worte finde. Wenn Du aber zumindest offen dafür bist, Deinem Denken einen neuen und größeren Rahmen zu geben, dann wirst Du vielleicht darüber nachdenken, so schonungslos die Worte auch sein werden. Ist dem so, dann lies weiter.

Die Früchte der Erkenntnis

Es begann mit den beiden Bäumen im Garten Eden. Damals hattest Du entschieden, Dich von der Frucht der Erkenntnis zu nähren, nicht von der Frucht des Lebens. Diese Entscheidung war durchaus richtig. Nur dadurch war es Dir möglich, Dich zu einem sich selbst erkennenden, zu Erkenntnis fähigen und frei handelnden Wesen zu entwickeln. Mit den Früchten vom Baum des Lebens wäre Dir dies nicht möglich gewesen. Du wärst ein ewig lebendes Wesen ohne Entwicklungsdrang geworden, in einem ewig harmonisch dahinlebenden Paradies, ohne Leid und ohne Tod. Du hast Dich gegen ein solches Vegetieren auf hohem Niveau entschieden. Und das war richtig. Das hatte aber seinen Preis. Den kennst Du: Verstoß aus dem Paradies, ein Arbeiten im Schweiße Deines Angesichts, ein Gebären unter Qualen, ein Sterben als unabwendbares Ziel. Du sagtest, der Gewinn der Erkenntnisfähigkeit sei das alles wert. Das war mutig und das war gut – für Dich.

Weniger gut war es für das, was man in diesem Zusammenhang „die Schöpfung“ nennt. Denn mit der Entscheidung gegen das Leben wurde das Leben Dein Gegner und damit zu Deinem Feind: Du musstest erkennen, dass die Natur Dir das Leben schwer macht und sie Dich manchmal mit elementarer Gewalt überkommt. Seither ist Dein Leben ein ständiger Kampf gegen die Natur. Am Anfang waren die Kräfte klar verteilt: Du warst den Naturgewalten ausgeliefert, und es gab kaum eine Möglichkeit, ihnen zu entkommen. Da Du aber vom Baum der Erkenntnis gegessen hast, hattest Du einen treuen Verbündeten an Deiner Seite: Im Denken und Reflektieren konntest Du die Natur erkennen, einschätzen und verstehen.

Nach und nach war es Dir möglich, Maßnahmen zu entwickeln, um die als unbeherrschbar geltenden Elementarkräfte zu bändigen. Du bautest Werkzeuge, lerntest, das Feuer zu kontrollieren, und konntest die Natur nach und nach berechnen. Dabei verschoben sich die Kräfte. Seit wenigen Hundert Jahren hat es den Anschein, als könntest Du in diesem Kampf sogar die Oberhand gewinnen. Erst seit einigen Jahrzehnten sieht es so aus, als ob aus diesem Anschein Gewissheit werden könnte. Heute ist für Dich diese Gewissheit eingetreten: Nichts scheint Dir mehr unmöglich.

Technologie ist die Wunderwaffe, mit der Du über die Natur triumphieren kannst, sei es in den kleinsten Teilchen der Atome, sei es in den

Weiten des Weltraums, sei es in den Genen aller Lebewesen. Einst hast Du den göttlichen Auftrag *„Macht Euch die Erde untertan“* mit einer bewussten Entscheidung angenommen, heute stehst Du kurz davor, ihn mit Stolz und in Siegerpose zu Ende zu bringen. Und da somit die Erkenntnis über das Leben gesiegt hat, ist das Leben nicht mehr nötig. So machst Du Dich daran, Dich auch dieses zu entledigen: Intelligenz wird künstlich und Existenz wird mechanisch. Die biologischen Grundlagen Deiner Existenz werden überwunden und damit deren lästige Störanfälligkeit: Der Cyborg steht vor der Tür. Einen Baum des Lebens gibt es nicht mehr. Die Schöpfungsgeschichte hat ihr Ende gefunden. The winner takes it all.

Du wirst Opfer bringen

Nun hast Du Dich zu meinem Gott erhoben. Und Du verlangst Opfer. Es sind grausame Opfer, weil Götter immer grausame Opfer verlangen. Und ich opfere, wie Du verlangst. Jahr für Jahr opfere ich Dir Millionen Tiere auf den Labortischen, den Altären Deiner Wissenschaftstempel. Auf dass Dein Leben besser werde, gesünder und länger dauere. Dein Wohlergehen speist sich aus ihrem Blut. Wie sähe Dein Leben aus, würde ich diese Opfer nicht bringen? Wie sicher kannst Du sein, dass ich sie Dir noch lange darbringen werde?

Du nötigst mir diese Opfer ab. Du glaubst, dies bedenkenlos tun zu können, denn ich bleibe stumm. Ich wehre mich scheinbar nicht. Deshalb glaubst Du, Dein Tun sei recht und billig. Doch ich bleibe nicht wirklich stumm. Mein Schrei zieht sich nur über Hunderte, ja Tausende und Abertausende von Jahren hin. Aber das stört Dich nicht, weil Du als einzelner Mensch so etwas hast wie die Gnade des frühen Todes. Das Ende Deines Raubbaus und Deiner Ausbeutung bekommst Du nicht mehr mit. Nun sieht es so aus, als befänden wir uns in einem Teufelskreis, aus dem wir beide nicht mehr herauskommen. Es sei denn wir tauschten die Rollen; es sei denn, Du wirst zu dem, der Opfer bringt. Nur wenn Du zum Opfernden wirst, werde ich überleben können, nein, werden wir beide überleben können.

Sicher entgegnest Du nun, dass Du bereits Opfer bringst. Du willst weniger Landschaft verbrauchen, weniger fossile Rohstoffe verbrennen, weniger Schadstoffe in die Umwelt ausstoßen. Dafür bist Du bereit, mehr Geld zu investieren, einen gewissen Teil Deiner Freiheiten zurückzustellen, mehr Steuern zu zahlen, damit die Folgen Deines Umweltfrevels gemindert werden. Doch das sind keine Opfer. Das sind Brosamen von den überreich gedeckten Tischen, an denen Du im Überfluss schlemmst. Ich brauche wahre Opfer. Solche, die wirklich wehtun; die Dich erschaudern lassen, wenn man sie offen vor Dir ausspricht und sie bedingungslos von Dir verlangt.

Es geht nicht anders: Ich werde wohl wieder Dein Gott sein müssen und darauf bestehen, dass Du mir opferst. Und ich werde ein grausamer Gott sein, grausamer als Du mir einer warst. Denn Du zwingst mich dazu, Menschenopfer von Dir zu verlangen. Ich will Dich nicht ausrotten, obwohl es für mich wohl die beste Lösung wäre. Ich will es nicht, und ich kann es nicht. Denn Du bist ein Teil von mir. Wenn ich aber überleben will – und damit auch Du – dann muss ich Lebensjahre von Dir einfordern. Ich werde den Zehnten von Dir verlangen, indem Du mir zehn Jahre Deiner heutigen Lebenserwartung opferst. Und ich werde einfordern, dass Du Dich nur noch in geringem Ausmaß fortpflanzen kannst. Diese Forderungen entspringen einer einfachen, aber fundamentalen ökologischen Logik: Alles, was wuchert, muss zurückgeschnitten werden. Nichts, was ungehemmt wächst, hat auf Dauer Bestand.

Wenn Du das liest, wirst Du vielleicht entsetzt sein und aufgebracht. Du wirst mir Vorwürfe machen, dass dies abstoßend, zynisch und menschenverachtend sei. Das aber ist nicht wahr. Ich verachte nicht den Menschen, ich verachte sein Tun. Ich versuche, ihn wieder einzubinden in die große Ordnung des Planeten. Wenn er nicht selbst dazu imstande ist, muss ich es sein, der ihn dazu zwingt. Dazu bin ich verpflichtet. Alles andere wäre weltverachtend.

Ich bin nicht Dein Untertan. Du bist nicht mein Untertan. Wir beide sind Teil einer größeren Idee, eines größeren Ganzen. Ich bin Dir Umwelt, so wie Du mir Inwelt bist. Und ebenso bist Du in meinem Außen, wie ich in Deinem Innen bin. Solange Du das nicht erkennst, werde ich Dir immer ein Getrenntes sein, ein Fremdes, Bedrohliches und dennoch Begehrenswertes. Etwas, was Begehrlichkeiten und Gier in Dir weckt. Du bist der Jäger, ich bin die Beute.

Immer noch bist Du Jäger, auch wenn Du längst sesshaft geworden bist und dadurch einen Sinn für Mein und Dein entwickelt hast, jene Quelle allen Besitz- und Machtstrebens. Das Jagen hast Du nie aufgegeben. Nun jagst Du nicht mehr, um Nahrung zum Überleben zu bekommen, sondern um mehr zu bekommen als die anderen haben. Dein Jagdgebiet ist immer noch die Natur. Du siehst Dich aber nicht mehr als Teil von ihr, so wie es früher einmal war. Deine Beute macht Dich nicht mehr satt, sie macht Dich süchtig. Sie macht süchtig nach mehr. Und diese Sucht geht über Leichen.

Du bist Kain. Ich bin Abel, Dein Bruder. Aber Du kannst mich nicht erschlagen. Du kannst mich nicht einmal zwingen. Ich bin es, der handeln wird. Und ich bin schon dabei, Du merkst es nur nicht. Die Primaten, Deine nächsten Verwandten, werden in den kommenden Jahrzehnten fast 95 Prozent ihres Verbreitungsgebiets verloren haben, wenn der Klimawandel weiter so voranschreitet. Gelingt es Dir, die Treibhausgasemissionen einzudämmen, werden es aber immer noch 85 Prozent sein. Merkst Du es? Die Zeit läuft gegen Dich.

Eckart von Hirschhausens Aussage „*Wir müssen nicht die Umwelt retten, sondern uns*“ zeigt, wie weit weg Du von der Erkenntnis der wahren Zusammenhänge bist. Flott geschriebene Bücher und lustige Fernsehshows werden Dir diese nicht vermitteln können. Dein Denken trägt die Fesseln längst vergangener Zeiten. Es wandelt noch immer treu in den Spuren des ersten Buch Mose, das Dich dazu verpflichtet, Dir die Erde untertan zu machen. In diesem Sinne hast Du das alttestamentarische Denken nicht hinter Dir gelassen, so aufgeklärt und säkular Du Dich auch geben magst. Deshalb habe ich auch wenig Hoffnung, dass dieser Brief etwas Entscheidendes ändern wird. Vielleicht macht er Dich nachdenklich, vielleicht verstört er Dich. Den Lauf der Dinge wird er nicht aufhalten.

Aber es wird eine Zeit danach geben. Wenn Du dann noch da sein solltest, werden andere Aufgaben auf Dich warten, größere – denn dann wird sich Dein Bild der Welt geändert haben. Dann wird es an Dir sein, dieses Bild Wirklichkeit werden zu lassen. Jede Arche findet an ein Ufer, und jedem Anfang wohnt ein Zauber inne.

Jan J. Laurenzi ist ein Pseudonym. Der Autor ist Schriftsteller und veröffentlicht seit Jahren in einem Spezialgebiet. Seit seiner Jugend beschäftigt er sich zudem intensiv mit philosophischen, medizinischen, religiösen und spirituellen Themen. Sein Wahlspruch ist ein Aphorismus von Martin Walser: *„Nichts ist ohne sein Gegenteil wahr“*.

Empfehlung

Jan J. Laurenzi:
Mutter Corona
Botschaften aus der Psychiatrie
BoD, 126 Seiten, € 10,00 / E-Book € 7,99

Im Juni 2020 wurde Petra S. in die geschlossene Abteilung einer psychiatrischen Klinik eingewiesen. Sie hatte auf einer Corona-Demonstration mit einem Küchenmesser bewaffnet die Bühne gestürmt. Sie bezeichnete sich als Wiedergeburt der heiligen Corona und verlangte vor dem deutschen Bundestag und der UN-Vollversammlung in New York sprechen zu dürfen. Sie habe von Gott den Auftrag bekommen, die Welt vor dem Untergang durch Covid-19 zu retten. Ihr behandelnder Arzt bemerkte, dass die Äußerungen von Petra S. (die verlangte, mit Mutter Corona angesprochen zu werden), zwar eindeutig schizophrene Züge trugen, von ihrer intellektuellen Qualität und Tiefe aber nicht mit dem Bildungs- und Wissensstand der Patientin in Übereinstimmung gebracht werden konnten. Er führte mit ihr Gespräche außerhalb des therapeutischen Settings und protokollierte sie. Wie Petra S. zu ihren komplexen Gedankengängen kam, blieb ihm bis zum Schluss ein Rätsel.

Weitere Bücher

- Jan J. Laurenzi:
  Flores Lunae, Worte aus den Wogen der Nacht (Gedichte)
  BoD, 78 S. € 7,95, E-Book € 5,99

- Jan J. Laurenzi:
  Fuck & smile, Die Ästhetik der Begierde (Erotische Gedichte)
  BoD, 68 S. € 7,95, E-Book € 5,99

- Jan J. Laurenzi (Hrsg.):
  Traum treibt mich um – Maria Luise Weissmann: Im zarten Schwingen mit der Welt – Eine kleine Anthologie
  BoD, 80 S. € 9,95, E-Book € 6,99

- Jan J. Laurenzi (Hrsg.):
  Nur nicht so tropfenweis verbluten – Ada Christen: Verloren zwischen Wut und Liebe – Eine kleine Anthologie
  BoD, 84 S. € 9,95, E-Book € 6,99

- Elisabeth Dauthendey / Jan J. Laurenzi:
  Frau Lollas sieben Lieben – Eine erotische Novelle.
  Mit dem einführenden Essay: „Corona, Angst und Eros"
  BoD, 88 S. kartoniert: € 12,95, Fadenbindung: € 24,95,
  E-Book 9,49

- Pierre Louys / Maria Luise Weissmann / Jan J. Laurenzi:
  Mytilenische Elegien – Das zweite Buch aus „Die Lieder der Bilitis"
  BoD, 76 S. kartoniert: € 12,95, Fadenbindung: € 24,95

Mehr Infos unter:
www.jan-j-laurenzi.de